사랑에 대하여

사랑에 대하여 about Love

장석주 지음

책읽는수요일

사랑은 종종 피로 물든다.

- 장석주

나는 분명 내 책들의 기억이다.

그러나 나의 책들은 어디까지 내 기억이었던가?

– 에드몽 자베스(Edmond Jabés), 『예상 밖의 전복의 서』

차례

To be alone ——————————————— 혼자

/

사람은 저마다 무(無)의 광대무변한 고요함 속에서 떨어져 나온 하나의 물방울이다. 이게 모여 인류라는 바다를 이룬다. 우리는 물방울로 태어나지만 물방울로서 머물러 살 수 없다. 불가피하게 인류라는 바다에 합류해 자기의 삶을 도모한다. 한 철학자가 인간을 두고 "사회적 동물"이라고 규정할 때, 그 특징은 여지 없이 도드라진다. 무리에 끼지 못할 때 우리는 지독한 소외감과 불안을 느낄 것이다. 인간은 인간과 인간 사이에 있을 때 비로소 인간다워진다.

저기 한 여자가 울고 있다. 나는 울고 있는 여자를 바라보는 자다. 울고 있는 여자는 나의 타자다. 타자는 그저 저기에 있는 대상이 아니라 나와 마주하고 있는 다른 존재다. 타자란 영원히 응고된 채 부동하는 사물이 아니라는 뜻이다. 나는 "왜 저 여자는 저기에서 울고 있지?"라는 의문을 품는다. 저기 있는 한 여자는 울고 있는 행위로 내 안에 작은 파장을 일으킨다. 시몬 드 보부아

: 혼자 :

르는 이런 타자를 "무한한 초월성"이라고 말한다. "타인은 그저 거기, 자신 속에 웅크려 있는 채, 무한 앞에서 열려 있는 채, 내 앞에 있을 뿐이다."×

저기 한 여자가 울고 있을 때 그 여자는, 시몬 드 보부아르의 표현에 따르면, "끊임없이 지평선을 후퇴시키며 돌진하고 있는 무한한 초월성"이다.×× 타인은 무한히 열려 있는 존재일 뿐만 아니라 나와 연루될 가능성의 존재이다. '나'라는 존재 바깥을 떠도는 타자는 항상 잠재적 관계성 안에 있다.

인간은 말하고 욕망하며 움직이는 존재이기 때문에 가만히 멈추어 있는 법이란 좀체 없다. 그는 존재의 운동성을 가진 채 움직인다. 인간은 그런 운동성으로 서로 스치고 만나고 갈망하고 헤어지기를 반복하며 살아가는 존재인 것이다.

로맹 가리의 소설 『그로칼랭』은 방에서 비단뱀과 동거하는 한 고독한 남자의 이야기를 다룬다. 그는 제 방을 "서식지"라고 부른다. "나를 화나게 하는 일이 하나 있다면 내 서식지를 나쁘게 말하는 것이다. 나는 서식지를 가장 중요하게 생각한다. 가구, 재떨이, 파이프, 모든 물건 하나하나가 변함없는 친구들이다. 나는 매일 저녁, 내 물건이 전에 놓아둔 그대로 있는 것을 발견한다. 그것은 확실하다. 틀림없이 믿을 수 있어 불안하지 않다. 안락의자, 침대, 의자가 있고, 한가운데 나를 위한 자리가 마련되어 있

× 시몬 드 보부아르, 『모든 사람은 혼자다』, 박정자 옮김, 꾸리에, 2016, 88쪽.
×× 시몬 드 보부아르, 앞의 책, 88쪽.
××× 로맹 가리, 『그로칼랭』, 이주희 옮김, 문학동네, 2010, 107쪽.

고, 내가 스위치를 누르면 불이 들어와 모든 것이 환해진다."×××
작중인물이 쥐구멍이 아니라고 항변하는 그 방은 비록 좁더라도
종이 다른 두 생물이 공존을 하는 평화로운 서식지이고, 다른 사
람들이 모르는 비밀과 고독의 서식지이기도 할 것이다.

　『그로칼랭』은 타인의 사랑을 구하는 것에 실패하고 비단뱀과
동거하는 한 남자의 슬프고 아름다운 서사다. "나는 상호 간의 사
랑이 존재한다는 것도 알고 있지만 그런 사치는 바라지 않는다.
하지만 사랑할 대상, 그것은 꼭 필요하다." 이 남자는 천만 명이
오가는 대도시 파리의 수많은 작은 방들마다 사람들이 고립된
채 외로움에 떨며 절실히 사랑할 사람을 갈망하며 살아간다는
사실을 잘 안다. 그는 '사랑 없음'이라는 근원적 결핍을 안고 메
마른 삶을 견디는 자신을 투명하게 응시하고 있다. "나는 항상 팔
이 결핍되어 있다고 느꼈다. 팔 두 개만으로는 허전하다. 팔이 두
개는 더 있어야 한다." 타인으로부터 사랑받지 못한 채 산다는 것
은 끔찍한 일이지만 이런 불행은 대도시에서는 아주 흔한 일이
다. 애정이 없는 세계 속에서 그가 선택한 것은 비단뱀과의 동거
다. "비단뱀이 내 몸을 감아 허리와 어깨를 꽉 조이며 목에 제 머
리를 기댈 때 눈을 감으면 다정하게 사랑받고 있다는 느낌이 든
다." 비단뱀이 메마른 삶을 이어가는 그의 귀를 깨물고 외로운 몸
을 감싸는데, 그 찰나 그는 누군가에게 다정하게 사랑받는다는

: 혼자 :

느낌을 갖는다. "나는 집에 돌아와 누워서 천장을 보았다. 다정하게 조여오는 느낌이 절실해서 목을 매달 뻔했다. 다행히 머리를 써 일부러 난방을 꺼둔 보람이 있어서, 추위를 느낀 그로칼랭이 다가와 나를 감싸며 좋아서 가르랑거렸다. 말하자면 비단뱀이 가르랑거리지는 않았지만, 내가 그 소리를 썩 잘 흉내 내 그로칼랭의 만족을 대신 표현해준다. 이것이 대화다." 그리고 비단뱀과 감정을 공유하며 대화를 나눈다. 그렇다고 고독의 끔찍함에서 벗어나는 것은 아니다. "비단뱀을 두르고 있어도 2인용 침대 위에 혼자 있는 것은 끔찍하다." 그가 메마름과 끔찍함에서 허우적이는 것은 사랑하고 사랑받을 대상이 없음에 비롯한다. 그를 불행과 고독에 유폐시킨 것은 다름 아닌 자기 안의 잉여다. "그들은 내가 외부의 결핍 때문에 괴로워한다고 생각하지만 사실 나는 내부의 잉여 때문에도 괴롭다. 내보낼 길이 없는 잉여분이 있다." 이 잉여란 무엇인가? 끊임없이 사랑을 욕망하는 것, 그것이 자기 안의 잉여다. 그 잉여를 품은 채 2인용 침대에 누워서 "이봐, 넌 혼자야. 너도 알겠지만 앞으로도 혼자일 거야"라고 중얼거린다. 사랑을 믿지만 사랑을 사치라고 여기는 사람은 얼마나 많은가! 그들은 아예 사랑할 엄두조차 내지 못한다. 이 남자 역시 사랑이 사치이고 불가능한 꿈이라고 생각한다. 그가 꿈꾸는 것은 비단뱀이 "경이로운 도약을 이루어 내게 인간의 목소리로 말을 걸어주기를" 기다리는 일이다. 이 기다림은 어처구니없다. 그 기다림은 실현이 불가능한 꿈이기 때문이다. 그는 제 고독한 내면의 요새 안에서 한껏 웅크린 채 제 안에 쌓인 애정의 자산이 서서히 쇠퇴하고 손상되는 것을 응시한다. 『그로칼랭』은 사랑이 사라진 시대의 불행과 끔찍함을, 사랑 없는 메마름 속에 내동댕이쳐진 채 온몸으로 사랑을 기다리는 것의 불가능성을 그려내는, 슬프고 아름다운 서사다.

사람은 혼자 태어나 혼자 죽음을 맞는다. 그러나 사람이 태어나는 것은 생식이 가능한 두 사람의 관계를 통해서다. 사람은 태어나는 순간 누군가의 조력을 받지 않으면 금방 죽어버리고 말 것이다. 우리는 사람으로 태어나서 독립할 때까지 끊임없이 누군가 보살핌을 받아야 한다. 대개 부모가 그 보살핌의 책임을 떠맡는다. 그리고 성장해서 사회에 나오더라도 여러 사람들과 어울려 살며 불가피하게 이런저런 관계를 맺는다. 산다는 것은 사람과 사람 사이에 일어나는 관계 맺음과 다름없다. 더러 고립된 생활을 하는 사람도 있지만 그 역시 넓은 범주에서 사회의 문화적 시스템에 기대어 산다. 그 역시 누군가 농사를 지은 쌀로 밥을 해먹고, 누군가 만든 옷을 입고, 누군가 지은 집에서 산다. 아리스토텔레스는 "인간은 본래 정치적인 생물이자 다른 사람과 더불어 살고자 하는 본성을 타고난 존재이다"라고 말한다. 이렇듯 사람은 애초에 사람과 어울려 사는 본성을 타고난 존재다.

: 혼자 :

그러나 고립되어 혼자 지내는 것을 좋아하는 사람은 그리 많지 않다. 그것은 사회적 관습을 거스르는 일이기도 하다. 그럼에도 누군가는 자발적 고독을 받아들인다. 수줍어하고 내향적인 사람들은 어쩔 수 없이 고독 속에 자신을 유폐시킨다. 그것을 자발적인 선택이라고 보기는 힘들다. 다만 금욕적인 수도자들이나 사막의 은둔자들은 스스로 선택해서 자기를 고립시킨다. 그들은 어떻게 된 사람들일까? 고독은 자기 안에 숨은 깊은 '자아가 들려주는 내면의 목소리'를 들려준다. 고단하고 번잡한 삶에서 외따로 떨어져 나와 혼자 있을 때 깊은 '영적 충만감'을 느낄 수도 있다. 부처는 깨달음을 얻기 전 보리수 아래에서 혼자 수행했다. 예수는 혼자 금식하며 광야를 헤매었다. 이들은 그런 '혼자'의 과정을 통해 영혼을 단련하고 삶과 인간에 대한 위대한 각성을 얻었다. 그런 이유 때문에 불교 수행자들은 동안거나 하안거와 같이 스스로 토굴로 들어간다. 3, 4세기경 수천 명이 수도자가 되기 위해 사막으로 떠났다. 이들은 이집트나 시나이의 사막에서 기도와 금욕, 혼자 생활을 하며 수도를 하기 위해 고향을 떠나 사막으로 간 것이다. 이들을 사막 교부들(The Desert Fathers)이라고 부른다. 종교적 수행자나 은둔자들만이 아니라 예술가들도 사색과 창조를 위한 깊은 고독을 필요로 한다. 고독이 우리에게 주는 보상은 다음과 같다. "1. 깊은 자의식. 2. 자연과의 조율. 3. 초월적 존재(신적 존재, 신, 영)와의 친밀한 관계. 4. 창의성 향상. 5. 자유감

(sense of freedom) 향상."[×] 예술가의 부류는 고독에 처해질 때 내면에 가득 차오르는 고양감 속에서 강렬한 기쁨을 체험한다. 아마 창의성과 자유감이 커지기 때문일 테다. 고독은 자유에의 초대장이다. 이때 자유란 제약 없이 제 마음대로 살 수 있다는 뜻이 아니다. 진정한 자유란 자기가 누구인지를 인식하고 그 바탕 위에서 자기를 통제하고 자기만의 삶을 꾸리는 것을 뜻한다. 그런 자유를 스스로 쟁취한 사람은 자기만의 충만감 속에서 자기 일에 몰두하는 가운데 대개 고독을 즐긴다. 이렇듯 고독을 즐기는 부류는 예술가의 무리에서 찾아볼 수 있다.

1백 년 전 헨리 데이비드 소로라는 사람은 문명사회를 등지고 숲속으로 들어갔다. 그는 자발적 고립과 고독을 선택한 이유를 이렇게 말한다.

> 나는 숲으로 갔다. 온전히 내 뜻대로 살고, 삶의 본질적인 면에 부딪치고 싶었기 때문이다. 삶에서 배워야만 하는 것을 내가 배울 수 있는지 확인해보고 싶은 마음도 있었다. 또 죽음을 맞게 되었을 때 지금껏 제대로 살지 않았다고 후회하고 싶지도 않았다. 나는 삶이 아닌 삶을 살고 싶지 않았다. 삶은 정말로 소중한 것이니까. 나는 불가피한 경우가 아니라면 이런 목표를 단념하고 싶지 않다. 나는 삶의 골수(骨髓)를 완전히 빨아먹고 싶었다.

× 사라 메이틀랜드, 『혼자 있는 법』, 김정희 옮김, 프런티어, 2016, 181쪽.

: 혼자 :

삶이 아닌 것을 모조리 없애버리면서 스파르타 인처럼 기운차

게 살고 싶었다.[×]

소로는 스파르타 인처럼 강인한 사람이 되어 삶의 정수만을 마주하고 살고 싶다는 욕구에서 숲으로 떠났다. 오지(奧地)의 숲 속에서 혼자 통나무집을 짓고 사는 일은 분명 고독과 마주하고 사는 일이겠다. 그는 고독을 누리는 가운데 사유하고 삶의 숭고 성과 정수를 맛보았을 테다. 그것은 혼자의 고독을 견뎌낼 만큼 강인한 사람에게 주어지는 축복이다. 고독은 흩어진 자아를 한자 리에 모으는 깔때기다. 그런 까닭에 우리는 고독에 처해졌을 때 비로소 세계와 '나'의 합일을 경험한다. 자아와 세계의 일치, 그 합일 속에서 우리는 내적 충만감을 느낀다. 그것을 행복이라고 불러도 무방하리라. 그러나 소로는 다시 문명세계로 나와 숲에서 몇 년 동안 혼자 산 경험을 바탕으로 『월든』이라는 책을 썼다. 그 가 책을 쓴 이유는 제 경험을 남과 나누기 위함이었다. 한 인간의 내밀한 체험이 책으로 씌어지고 출판될 때 그것은 이미 자기 것 만이 아니라 사회화된다.

'혼자'라는 것이 꼭 부정적인 것만은 아니다. 많은 철학자들 이 '혼자'인 삶을 살다가 죽었다. 데카르트, 파스칼, 스피노자, 칸 트, 쇼펜하우어, 니체, 키르케고르, 비트겐슈타인 같은 유명한 철

× 헨리 데이비드 소로, 『월든』, 강주헌 옮김, 현대문학, 2011, 123~124쪽.

학자들은 결혼을 하지 않은 독신으로 살다가 삶을 마쳤다. 이들이 혼자인 삶을 살았기 때문에 위대한 철학자가 된 것은 아니다. 그러나 혼자인 삶을 살면서 이들이 결혼이 초래하는 비본질적인 여러 책임과 의무에서 자유를 누렸으리라는 유추는 가능하다. 이들은 혼자인 삶이 만든 자유를 자기 성찰과 사유, 자기 철학의 깊이를 끌어내는 데 온전히 썼을 것이다. 이를테면 데카르트는 1628년 네덜란드에 정착한 뒤 자발적으로 세상과의 고립을 선택한다. "사람들과 만나는 것을 최대한 줄이고 하루에 열 시간씩 충분히 자면서 고요한 분위기 속에서 사색하고 글 쓰는 데 열중하였다. 자신을 찾아오는 사람을 피하기 위해 20년 동안 열세 번이나 집을 옮겼으며 아주 친한 친구들 이외에는 주소를 가르쳐주지 않았다."ˣ 혼자인 삶이 품은 견고한 고독은 철학자에게 깊은 사유라는 선물을 준다.

누군가를 사랑한다는 것은 '혼자'를 벗어나는 일이다. 사랑은 혼자 있는 이들에게 본성에서의 갈망이자 감미로운 명령이고, 유토피아적 달콤한 꿈이다. 사람은 "희망하고 사랑하며, 욕망하고 행동하는 자발성"ˣˣ을 가진 존재인 까닭이다. 우리는 타자를 갈망한다. 타자와의 대화를, 타자와의 따뜻한 감정 소통을, 타자와의 스킨십을 갈망한다. 건강한 사람은 다들 자신들이 좋아하는 취향을 가진 타인과의 사랑을 꿈꾼다. 사랑이란 타인과 감정적

ˣ 강성률, 『2500년간의 고독과 자유』, 형설, 2005, 101쪽.
ˣˣ 시몬 드 보부아르, 앞의 책, 25쪽.

친밀감을 나누면서 혼자만의 고독과 고립에서 벗어나는 가장 이상적인 방식이다. 우리는 누군가와 우호적인 관계를 맺으며 비로소 의미의 존재로 거듭난다. 사랑이 지속되는 기간은 다들 이전에 없던 행복감과 열정이 솟구친다. 그 행복감과 열정으로 내 안의 불안과 고적감을 무찌른다. 사랑에 빠진 사람들은 "나는 혼자가 아니야!"라고 말한다. 그들은 누군가와 정서적 연대감을 이루고, 나날의 삶을 기쁨 속에서 맞는다. 그래서 사랑에 빠진 사람들은 전에 없는 명랑성과 활기를 보여주는 경우가 많다. 사랑에 빠진다는 것은 아침에 불행하고 저녁에 행복한 일이다. 그것은 마치 롤러코스트를 탄 것과 마찬가지로 엄청난 감정 기복이 일어나는 경험이다.

우리는 왜 누군가를 사랑하는가? 그것은 내가 사랑하는 누군가가 아니기 때문이다. 사랑은 그 누군가가 내 존재 안의 결핍이라는 자각에서 시작한다. 사랑은 '혼자'라는 것과 깊이 상관되는 일이다. 우리 각자가 '혼자'가 아니라면 누군가를 사랑하지 않은 채 살아갈 수도 있을 테다. 우리 각자가 혼자라는 자각, 결핍의 존재라는 것, 그리고 실존적 외로움은 타인과의 사랑을 꿈꾸게 만드는 전제 조건이다. 죽을 것 같은 외로움을 단 한 번도 느껴보지 않은 사람에게 사랑은 절박하지 않은 일일지도 모른다. 누군가를 사랑하지 않고도 잘 사는 사람이라면 그는 신체적으로

나 정신적으로 어마어마한 힘을 가진 사람이거나 세상에서 떨어져나온 미친 사람일 것이다. 오로지 이 두 부류의 사람만이 관습을 따르지 않고 스스로 고립된 채 자기 자신의 법과 원칙대로 살아갈 수 있을 뿐이다. 대다수의 사람들은 사람과 어울려 공동체를 이루고 공동체 안에서 누군가를 사랑하며 살아간다.

To be alone ——————————————— 혼자

Loving someone ————————— 누군가를 사랑한다는 것

누군가를 사랑한다는 것

누구나 다 아는 것 같지만 막상 알려고 들자면 그 자체는 매우 복잡한 현상이다. 끊임없이 사라지면서 있는 이것! 명명되기 전에는 가장 모호한 것에 속하는 이것. 그러나 명명되고 선언되고 난 뒤 자명해지는 이것. 자명해진다고 이것을 사물처럼 다룰 수는 없다. 자명해지는 순간 다시 모호해지는 이것. 이것은 누구에게나 일어나는 사건이고, 피할 수 없는 예측 불가능성이다. 이것은 과도함에서 시작하고 결국 과도함으로 끝난다. 이것은 행복이고 불행이며, 자기 부정과 자기 동일성의 위기를 불러온다. 이것은 어떤 사람을 무너뜨린다. 이것은 격정이라는 면에서 마비와 오그라듦인 피로의 역상(逆像)이다. 피로가 존재의 마비와 상관되는 것이라면 이것은 마음의 울렁거림, 그 과도한 역동이다.[×] 이것의 본질은 타자를 향유함이고, 타자의 존재를 빌어 내 감정을 과잉으로 지속시키는 현상이다. 이것으로 감정이 비등점까지 끓어오르는데, 그러다가 돌연 끝난다. 우리는 이 붙잡을 수 없는 것을 로맨스, 에로스, 사랑, 연애라고 부른다.

× 철학자 레비나스는 피로에 대하여 "피로, 특히 우리가 경솔하게 신체적이라 일컫는 피로 같은 것도 우선은 어떤 경직, 어떤 둔감해지는 마비, 어떤 식의 오그라듦으로 나타난다". 피로의 순간이 "화농처럼 터져 나오고 달성되는 비밀스런 사건"이라고 말한다. 에마뉘엘 레비나스, 『존재에서 존재자로』, 서동욱 옮김, 민음사, 2003, 44~45쪽.

: 누군가를 사랑한다는 것 :

인류는 아주 오래전 사랑을 발명한 덕분에 오늘날같이 생육하고 번성하여 지구를 가득 채우는 행운을 누릴 수 있었다. 사랑은 더러 상처와 고뇌를 낳지만, 단지 그것만으로 사랑이 인류가 만든 불후의 신화이고 최고의 발명품이라는 사실을 부정할 수는 없다. 그러기에는 사랑이 이루어놓은 게 정말 많다. 하지만 사랑이 늘 순탄했던 것만은 아니다. 사랑은 여러 위협에 시달리며 오늘에 이르렀다. 오늘날 사랑은 토착종교로 자리잡은 지 오래지만, 사랑이 고갈되고 있다는 위기 징후들이 도처에서 불거지고, 한쪽에서는 여전히 사랑앓이를 하는 사람이 있다. 밥 딜런은 〈사랑앓이(Love Sick)〉에서 이렇게 노래한다. "사랑이라면 이제 질렸어. …… 시계가 재깍거리는 소리가 들려. 사랑이라면 이제 질렸어. …… 난 사랑을 앓고 있어." 어느 면에서 사랑은 하는 게 아니라 앓는 것이다.

함께 있다는 건 이상하고 외로워요, 그렇죠, 딕, 당신에게 가까이 가는 것 말고는 갈 데가 없어요. 우리 그냥 사랑하고 또 사랑하면 안 될까요? 그렇지만 내가 제일 많이 사랑하죠, 그래서 당신이 멀어지면, 조금만 멀어져도, 나는 그걸 알아요. 다른 사람들처럼 된다는 건, 침대에 누워 뻗었을 때 내 옆에 당신이 있는 것을 알고 당신의 따뜻한 체온을 느낀다는 건 경이로운 일이에요.[×]

× F. 스콧 피츠제럴드, 『밤은 부드러워』 1, 공진호 옮김, 시공사, 2014, 304쪽.

F. 스콧 피츠제럴드의 『밤은 부드러워』의 한 대목이다. "당신에게 가까이 가는 것 말고는 갈 데가 없어요." 사랑은 사랑하는 이와 함께 있고자 하는 욕구의 가장자리에서 바글거린다. 두 몸이 함께 있을 때조차도 사랑하는 이들은 외롭다. 대상을 향한 '나'의 욕구는 끝내 채워지지 않는 결핍이기 때문이다. 한 장소에 두 몸이 함께 붙어 있으며 따뜻한 체온을 느낀다는 것, 이 행복하고 외로운 게 사랑이다. 사랑은 몸의 일이다. 인간은 저마다 하나의 몸을 갖고 산다. 몸은 감각의 표면이자, 무거움이고 부피이다. 몸은 무거움과 부피 속에 닫혀 있다. 영혼은 바깥으로 펼쳐지려는 역동이다. 이 역동은 몸의 폐쇄성에 가로막혀 펼쳐지는 데 실패하고, 몸으로 돌아온다. 따라서 사람은 제 몸에 귀속된 채 살아간다. 몸은 살과 뼈와 물로 이루어지고, 중력의 세계에 내던져 있다. 이것은 숨을 쉬고, 땀을 흘리며, 쉽게 지친다. "몸은 그것이 스스로의 무게와 하나가 되는 지점에 이르도록 내리누르는 중력 고유의 법칙에 의해 낙하하면서 저 자신이 된다."× 몸은 그것의 무게 때문에 높은 곳에서 낮은 곳으로 추락한다. 몸은 세계로부터 우리에게 왔다. 아니, 이 창백하고 화사한 것이 우리에게 온 것이 아니라 우리가 몸으로 도착한 것이다. 몸의 시작과 끝 사이에 우리는 머문다. 사람은 몸의 체류자이자 몸 그 자체다. 몸은 여기에 있다. 이것은 항상 멀리 달아난다. 사랑은 바로 이 몸의 일이자 감정과 영혼의 일이다. 몸과 감정[영혼]은 따로 떨어져

× 장 뤽 낭시, 『코르푸스 - 몸, 가장 멀리서 오는 지금 여기』, 김예령 옮김, 문학과지성사, 2012, 11쪽.

: 누군가를 사랑한다는 것 :

있는 게 아니라 하나로 붙어 다닌다. 둘은 하나다. 스콧 피츠제럴드는 작중인물의 입을 빌어 사랑이 두 사람이 함께하는 일이고, 이것이 얼마나 경이로운 일인가를 말한다. 그게 사랑에 대한 가장 단순한 진실이다.

2016년 새해의 시작과 더불어 나는 이상한 열정에 사로잡혀 서울 서쪽 방향에 있는 집과 근처의 카페를 오가며 이 원고를 쓰는 일에 매달렸다. 나는 사랑에 대하여 썼지만 이것은 몸의 낯섦, 이 무르고 단단한 것에 대한 존재론이자 존재론적인 몸으로 살아오며 보고 듣고 겪은 것들의 기록이다. 한 달여 만에 이 책의 초고를 몰아서 쓰고, 두 번 다시 들춰보지 않은 채 1년여를 방치해두었다. 그리고 다시 새해가 돌아왔을 때 묵은 숙제를 풀 듯이 이 원고를 꺼내 이어 쓰기를 한다.

서울 대학가 근처의 북카페들은 더없이 훌륭한 도서관이자 작업실이다. 눈비가 오는 궂은 날이나 햇빛이 화창한 날이거나를 가리지 않고 딱히 바쁜 일만 없다면 나는 책 몇 권, 필기구, 노트가 든 백팩을 메고 북카페를 간다. 북카페는 늘 사람들로 북적이는데, 가끔은 앉을 자리가 없을 정도였다. 나는 낯선 사람들 틈에 끼어 커피를 마시고 책을 뒤적이며, 솟구치는 생각들을 다듬으며 몇 자씩 끼적이곤 했다. 환한 햇빛이 어깨 너머로 넘실거리며 비쳐오는 북카페의 한 자리에 앉아 이 책을 썼던 것이다. 두 달이 채 안 되는 동안 초고를 다 끝냈다. 책을 쓰면서 온전히 몰입하는 것은 쉽지 않은데, 이 원고를 쓸 때 온전하게 몰입했다. 이건 날씨가 개구리의 산란에 미친 영향을 따지거나 갑작스런 재산 증식과 이혼율의 상관관계를 따지는 글이거나 파충류의 뇌를 탐구하는 게 아니지 않은가! 나는 '사랑'에 관해 쓰고 있지 않은가!

이 책을 쓰게 된 계기는 어느 해(2015) 연말 한 신문사의 초청 강연에서 비롯된다. 그해 가을 무렵쯤 경향신문의 한 기자가 '사랑'에 관한 두 시간짜리 강연 요청을 해왔다. '사랑은 아무나 하나'라는 제목으로 강연 초고를 작성했는데, 이때 '사랑에 대하여' 책을 한 권 써도 좋겠다는 생각이 스쳐갔다. 그해 연말은 몸과 마음이 함께 바빴다. 연말에 책 두 권이 잇달아 나왔다. 12월 24일 박연준 시인과 함께 쓴『우리는 서로 조심하라고 말하며 걸었다』(난다)가 나오고, 12월 30일『내가 읽은 책이 곧 나의 우주다』(샘터)가 나왔다. 앞의 책은 '책 결혼식'이라는 화제로 미디어의 주목을 받았다. 여러 군데에서 인터뷰하자는 요청이 쏟아졌다. 신문이나 잡지 같은 활자 미디어의 인터뷰는 받아들이고, 텔레비전 매체의 인터뷰는 사양했다. 그리고 새해를 맞아 빈둥거리며 책 읽을 여유가 생겨났을 때, 갑자기 이 원고를 쓰기 시작한 것이다. 무모한 책 쓰기, 결과를 예측할 수 없는 모험. 그 과정은 힘들지만 고투(苦鬪)에 대한 보람이 없지는 않았다.

　나는 새벽 4시 무렵 일어나는데, 거실 소파에서 간이 탁자에 노트북을 올려놓고 키보드를 두드리며 문장을 이어간다. 점심 무렵 카페로 자리를 옮겨 다시 서너 시간 노트북의 키보드를 두드린다. 날마다 여덟 시간 이상 집필을 한다. 책을 쓰기에 앞서 이런 생각들을 했다. 사람은 누구나 사랑을 하지 않는가. 사랑하고 결혼을 하고, 세 아이를 낳아 기른 경험이 내게도 있지 않은가. 이러저러한 사랑에 얽힌 곡절을 겪지 않았던가. 그런 세월을 버티고 건너온 경험의 총량, 그 기억-자산이라면 충분히 책 한 권이 될 만하지 않은가. 먼저 에로스, 키스, 애무, 타자성, 얼굴, 기다림, 덧없음 따위의 소제목들을 떠올렸다. 그 소제목의 순서대로 글을 쓸 작정이었지만 잡다한 사유가 엉키고, 문장은 잘 풀려 나오지 않았다. 내 메마른 영감에 창조적인 사유를 자극하고 이끌어낸 책들, 롤랑 바르트, 레비나스, 알랭 바디우, 알랭 핑켈크로트, 울리히 벡, 에바 일루즈, 한병철의 책들을 다시 차근차근 읽었다. 이른바 '샅샅이 훑어 읽기'를 하며 어떤 대목은 메모를 하고, 그것을 호주머니에 넣고 날마다 산책에 나선다. 햇볕을 쬐며 걷는 동안 착상과 궁리들을 이리저리 굴리며 넓히고 키운다.

　개념들을 구체적 경험의 영역에서 재검토하고, 모호하고 추상적인 착상들이 윤곽과 형태를 드러내기를 기다린다. 책들은 무한을 향해 열린 기다림을 먹고 자란다. 그 기다림 안에서 기다림의 가능성이 다 탕진되어 바닥을 드러낼 때까지 기다리는 것, 그게 책 쓰기다. 기다림 안에 있을 때 기다림이 결코 끝나지 않으리라는 불안과 절망에 사로잡힌다. 기다림 속에서 생각들이 흩어지고 모이기를 되풀이할 때 생각의 지체와 유예로 애태우지만 기다림 안에 머무는 것 말고 다른 선택은 없다. "시간 속에서 기다림은 끝나지 않은 채 그 끝에 이른다."ˣ 그렇게 아주 더디게, 기다림 안에서 기다림이 불가능한 것이라는 생각에 빠져들 즈음 응고되고 맺혔던 사유들이 풀려나온다.

놀란 것은 나 역시 많은 사람들이 그렇듯이 사랑에 대해 '관습적인 생각'에 젖은 채 살아왔다는 점이다. 사랑은 내가 누구인지, 내가 어떤 사람인지를 드러내는 경험이다. 사랑은 '짝'을 고르고 선택하면서 겪는 경험이지만, 주체의 욕구와 희망만으로 이루어지는 것은 아니다. 사랑은 주체를 둘러싼 사회환경, 즉 문화와 제도와 규범들, 그리고 내면의 메커니즘과 더불어 겪는 복잡한 경험이다. 사랑하지 않는다고 죽는 법은 없지만 사랑하지 않고 살 수는 없다. 사랑은 위험하다. 사랑하지 않는 사람보다 사랑하는 자에게 죽을 위기가 더 자주 닥친다. 사랑이 마냥 기쁨과 의미만을 주는 게 아니며, 실은 위험을 숨긴 사태라는 걸 말한다. 내

ˣ 모리스 블랑쇼, 『기다림 망각』, 박준상 옮김, 그린비, 2009, 86쪽.

: 누군가를 사랑한다는 것 :

무의식에서 사랑은 낭만과 목가적 풍경이 어우러진 풍경으로 떠오른다. 그 생각은 추상과 개념들로 비벼진 것이다. 사랑의 본질에 대해 한 번도 진지한 성찰과 검토가 이루어지지 않은 채 고착되어 있었다는 점에 나는 놀랐다. 사랑은 고정되고 불변하는 것이 아니라 시대에 따라 녹아 흘러가며 다른 모습으로 다가온다. 사랑은 생각보다 복잡한 현상이고, 깊이 캐들어 갈수록 불가해한 것이다. '사랑은 지독한 혼란'(울리히 벡)이거나 '광기'(롤랑 바르트 : "사랑하는 사람은 자신이 미쳤거나 미쳐가고 있다는 생각에 자주 사로잡힌다")이며, '진리를 생산하는 절차'(알랭 바디우)이거나 '유한과 무한 사이의 방황'(로버트 롤런드 스미스)이며, '다른 삶의 형식, 완전히 다른 사회를 향한 혁명적 욕망'(한병철)이거나, 현대에 와서 사랑은 속화되어 '판매되고 소비되는 것'(에바 일루즈)이다. 오늘날 사랑은 더욱 복잡해진다. "현대의 애정관계는 감정과 취향과 의지가 더는 조화를 이루지 않는다."ˣ 그리고 약속들, 사랑을 둘러싼 약속들은 얼마나 자주 깨지는가! 약속들은 허망하고 '믿을 수 없는 것'이 되고 말았다. 에바 일루즈가 인용한 자크 데리다의 '약속'에 관한 의미심장한 통찰은 이렇다. "약속은 언제나 과도하다. 이런 본질적 과잉이 없다면 약속은 미래가 어떤 모습이어야 할지 설명하거나 알아내는 방향으로 가야 마땅하리라. 약속의 행위는 확정(꾸준함)의 구조를 가져야지, 보여주기 위한 과시가 되어서는 안 되기 때문이다. (중략) 정확히 이 약속의 구조 안에 과잉은 일

ˣ 에바 일루즈, 『사랑은 왜 아픈가』, 김희상 옮김, 돌베개, 2013, 199쪽.

종의 구제불능한 혼란 혹은 앞뒤를 가리지 못하는 도착을 심어놓는다. (중략) 그래서 모든 약속은 믿을 수 없는 것이자 우스운 것으로 전락하며, 법과 계약을 끌어대며, 충절을 지키겠노라 맹세하고 선포하는 따위의 과장되고 격앙된 일이 벌어지게 만든다."[×] 과거 사랑에 씌운 의미의 후광들은 퇴색되고, 낡은 패러다임은 빠르게 무효화되고 새 패러다임이 등장하는 가운데 사랑을 둘러싼 말들은 여전히 시끄럽다. 그럼에도 분명한 것은 사랑이 실존의 근원적 경험 중 하나고, 사실상 우리 실존의 전 부면에 막대한 영향을 끼친다는 점이다. 어떤 사람은 단 한 번의 사랑만으로도 인생이 파멸에 이른다. 사랑이 이토록 중요함에 견주자면 사랑을 알려는 우리의 노력은 한줌에 지나지 않을 만큼 너무 작고 하찮다.

플라톤의 『향연 : 사랑에 관하여』에서 한병철의 『에로스의 종말』에 이르기까지 다양한 사랑 담론들을 읽고 사유한 결과 내가 사랑에 대해 무지한 자라는 결론을 얻었다. 이 담론들은 사랑이 무엇인가를 근원에서 다시 묻게 한다. 사랑은 왜 아픈가, 사랑은 왜 불안한가,[××] 등등. 물음은 '현대의 사랑'을 둘러싸고 만들어진 통념들을 해체하고, 그 근원에서 아픔과 불안에 대해 묻는다. 사랑은 알면 알수록 어렵고 복잡한, 그래서 이성으로는 풀 수 없는, 헤겔이 말한 바 "가장 괴이한 모순"의 형태로 존재하지만, 사랑은, 여전히, 유일하게, 모순과 부조리의 골짜기에서 신음하는 우

× 에바 일루즈, 앞의 책, 198쪽.
×× '감정사회학' 분야에서 명성이 높은 에바 일루즈의 책 제목들이다.

리에게 손을 뻗는 거의 유일한 대안이다. 그게 우리가 사랑의 본질을 향해 거듭 물음을 던지는 이유다. 이 물음을 회피해서는 안 된다. 더 나아가서 사랑이 어떻게 삶을 만드는 새로운 원리가 되는가를 따지며 물음에 깊이를 더해야 한다.

우리는 어떻게 사랑의 상대를 만나는가? 현대에 들어서면서 사랑의 상대를 선택하는데, 과거와 견줘서 많은 금기들이 사라진 덕에 사랑이라는 낭만적 선택을 할 수 있는 사회적 환경은 확실히 좋아졌다. 사람들은 과거와 견줄 때 훨씬 더 쉽게 만나고 또 쉽게 헤어진다. 하지만 사랑이 늘 쉬운 선택인 것만은 아니다. 이 선택에는 감정적 열망만이 아니라 새로운 복잡한 측면이 깃들어 있다. 에바 일루즈는 이때 생겨나는 선택의 딜레마를 "선택 아키텍처"라는 개념으로 풀어낸다.× 현대에서 사랑의 낭만적 선택에는 감정만이 아니라 고려해야 할 여러 새로운 요소들이 변수로 등장했다는 뜻이다. 사랑을 선택하는 사람은 감정적인 기준만이 아니라 현대가 요구하는 문화적 시스템에 따라서 불가피하게 계산적인 요소를 넣어야 한다. 에바 일루즈는 사랑이 왜 아픈가를 검토하면서 그 안에 깃든 '현대성'을 적시해낸다. 그것은 사랑이 이전에 겪지 못한 새로운 현실이다. 그 새로운 특성들이 사랑을 아프게 한다는 것이다. 에바 일루즈는 그 현대성의 요소를, 규제가 풀려버린 결혼시장, 짝을 선택하는 구조의 변화, 사회적 자존

× 에바 일루즈는 "선택 아키텍처"에 대해 이렇게 설명한다. "선택 아키텍처란 인간 주체 내면의 메커니즘인 동시에 문화의 영향을 받아 형성되는 것이다. 그러니까 선택 아키텍처는 대상(예술작품, 치약, 장래 배우자)을 평가할 때 참고로 하는 기준들이자 동시에 스스로에게 묻는 양상, 곧 사람이 자신의 감정과 지식과 논리적 사고를 총동원해 결정을 내리는 방식이기도 하다. 선택 아

감 형성에서 사랑이 차지하는 압도적 비중, 낭만적 사랑이 사용되는 방식의 변화에서 찾는다.××

사랑은 성숙의 기회이자 위기의 신호다. 사랑은 사랑하는 자가 처한 현실을 넘어서는 경험이다. 그런 까닭에 우리는 사랑을 다른 어떤 경험들보다 더 본질적인 것으로 겪어낸다. 어떤 사람은 사랑에 상처를 받고 혼란에 빠지며, 어떤 사람은 죽음에 이르기까지 사랑을 사랑함에 매달린다. 그만큼 사랑은 절박한 문제다. 진짜 문제는 오늘날 선택 가능성의 과잉 속에서 우리는 사랑이 뭔지를 모른 채 겪는다는 점이다. 많은 이들이 사랑을 하면서 실수를 하고 시행착오를 저지른다. 대부분 그로 인해 생긴 위기들을 잘 버텨내지만 더러는 그걸로 인생을 망치는 사람도 있다. 사랑이 아프다고, 불안하다고, 상처 입을 가능성이 있다고, 사랑을 끝낼 수는 없다. 인류가 지구상에 살아가는 이상 사랑은 지속되고 지속되어야만 한다. 이 책이 사랑을 하면서 겪은 것들을 겹쳐 보고 더 많이 생각해보는 기회, 즉 자기 자신에 대한 진지한 성찰의 계기가 되기를 바란다. 더 많은 사람들이 자신을 되돌아보고, 그 성찰의 두터움 속에서 사랑을 의미 있고 생산적으로 겪어내기를 바란다. 나는 사랑한다. 나는 사랑하지 않는다. 나는 언제나 그 둘 사이에 존재한다.

키텍처는 일련의 인지과정과 감정과정으로 이루어진다. 더 정확히 말하자면, 생각을 담당하는 감정형성과 이성형식이 결정을 내리는 과정을 감독하는 방식이 곧 선택 아키텍처다." 에바 일루즈, 『사랑은 왜 아픈가』, 김희상 옮김, 돌베개, 2013, 45쪽.
×× 에바 일루즈, 앞의 책, 38쪽.

To be alone ——————————————— 혼자

Loving someone ————————— 누군가를 사랑한다는 것

Romance ————————————— 로맨스

사랑에 '대한' 갖가지 정보와 불확실한 개념들이 머릿속에 가득 차 있지만 정작 '사랑'의 실감은 미약한 사람들이 많다. 사랑을 알아야만 그 능력을 기를 수 있을 텐데 사랑을 모르니 그 일은 아예 불가능하다. 사랑을 받아본 적이 없는 사람에게 사랑은 낯선 경험이다. 그이들은 사랑이라는 낯선 감정 앞에서 먼저 두려움을 갖는다. 당신이 사랑이라는 낯선 감정 앞에서 두려움을 느끼고, 아무 결정도 내리지 못한 채 주저하고 있다면 당신은 사랑을 모르는 축에 속한다. 사랑을 받지 못한 사람은 사랑을 주는 일에도 자주 실패한다. 사랑을 받은 경험이 많을수록 사랑을 더 잘 알 수 있고, 사랑에 대해 더 잘 대처할 수 있다. 사랑을 모르고 사랑하니 사랑이 낯설고 두려운 것이다. 사랑은 항상 똑같은 경험의 반복이 아니다. 그렇기 때문에 더 많은 사랑을 겪어봐야 사랑을 더 잘 알 수 있다. 사랑의 경험치가 쌓여야만 비로소 사랑에 대한 두려움을 넘어설 수 있다.

그렇다면 사랑이란 무엇일까? 연애를 꽤 해본 사람도 정작 사랑에 대해 말하려면 말문이 막힌다. 이것이 사랑인가 하면 이것은 사랑이 아니고, 저것이 사랑인가 하면 그것은 사랑의 곁가지에 지나지 않았다. 안타깝게도 이것도 저것도 사랑의 전모를 다 드러내지 못한다. 사랑의 역사는 인류의 역사와 궤를 같이하고, 인류가 생육하고 번성해서 지구에 널리 퍼진 것은 알다시피 사랑 덕분이다. 이토록 자명해 보이는 사랑이 한 꺼풀만 벗겨보면 불가사의하고 수수께끼와 같은 그 무엇이다. 사랑을 두고 수많은 '설'들이 분분하고, 사람들은 사랑에 얽힌 미신과 그릇된 개념들을 굳게 믿는다. 사랑은 이래야 된다, 혹은 저래야 된다는 강박에 눌려서 상대를 압박한다. 사랑들이 깨지는 이유는 사랑을 모른 채 사랑에 빠지기 때문이다. 롤랑 바르트는 사랑에 빠진 이들이 정작 "사랑하는 존재에 대한 자기 욕망의 특별함"을 잘 모른다고 말한다. 우리가 모르는 것은 사랑의 대상이 아니라 그 대상으로 향하는 자기 자신의 욕망이다. 하필이면 왜 그/그녀인가? 우리는 자기 욕망의 특별함을 모르는 채 사랑을 갈망하면서 사랑에 빠진다. 나는 이 사랑에 대해, 날마다 변하는 날씨와 같이 변화무쌍하고, 때로는 불가사의하고 위험한 욕망의 특별함에 대해 쓰려고 한다.

사랑은 열정과 친밀감과 낭만적 애착을 낳는 감정의 메커니즘에 속한다. 사랑에 빠진 사람들은 대개 행복한 감정을 느낀다.

사랑은 옥시토신이라는 호르몬 분비를 활성화한다. 이 옥시토신은 뇌에서 분비하는 호르몬 중에서 가장 오래된 것이다. 사랑하는 사람이 포옹하고 스킨십을 나누며 웃을 때, 상대를 사랑이 듬뿍 담긴 그윽한 눈길로 바라보며 '사랑해'라고 말할 때 옥시토신을 관장하는 뇌 회로가 켜진다. "우리 뇌는 옥시토신을 분비할 때 앞에 있는 사람이 안전하며 믿을 수 있다는 신호를 보낸다."[×] 뇌에서 옥시토신이 대량으로 나올 때 상대에 대한 애착이 커진다. 이와 동시에 세로토닌과 코르티솔이라는 뇌 화학물질을 활발하게 내뿜어 뇌수를 적신다. 세로토닌은 행복감을 주는 호르몬이고, 코르티솔은 스트레스 호르몬이다. 그러니까 사랑과 행복과 스트레스를 함께 불러오는 사건이다. 사랑은 내 감정을 상대에게 투사하며 이상화하는 행위다. 처음 사랑에 빠질 때 상대에 대한 이상화는 절정에 달한다. 그러나 시간이 흐르면서 상대에 대한 이상화의 기초가 되는 감정의 투사는 서서히 식어간다. 상대의 장점과 매력을 실제보다 더 키우는 이 투사가 철회되면 비로소 있는 그대로의 상대를 바라볼 수 있게 된다. 이때 구름 위에 있던 기분이 땅 위로 안착한다. 사랑은 사랑에 대한 생물학적 욕구이자 불꽃같이 일어난 감정놀음이지만, 또한 "문화적 현상이며 경험과 문화의 영향을 받은 '학습된 효과'나 '행동 반응'"이다.[××] 사랑은 감정의 투사이기보다는 어떤 것에 감염된 상태다. 더 정확하게 말하자면 사랑은 "사랑과 성적 욕망의 불꽃이 행

[×] 레오 보만스 엮음, 『사랑에 대한 모든 것』, 민영진 옮김, 흐름출판, 2014, 131쪽.
[××] 레오 보만스 엮음, 앞의 책, 144쪽.

: 로맨스 :

복감과 보상·동기와 관련된 피질하뇌영역과, 자기표현·사회적 인지와 관련된 피질뇌영역의 활동을 증가"×시킨 상태다. 사랑은 사랑함, 곧 사랑하는 상태다.

사랑은 타인에 대한 특별한 전유(專有)의 방식이다. 그러나 상대를 독점하고 자유마저 빼앗아 상대를 노예화하는 것은 상대를 죽이는 일이다. 그런 사랑은 반드시 실패한다. 사랑은 '당신을 사랑한다'는 서약의 말 속에서 증식되지만, 진짜 사랑은 서약 너머에서만 이루어진다. 롤랑 바르트는 "사랑한다는 말은 피로, 언어의 피로가 남긴 헛된 자취"라고 말한다. 말이 행동이나 실천에 이어지지 않을 때 '사랑한다'는 말은 공허한 메아리로 사라진다. 그럴 때 말은 가지에 내려앉지 못하는 새고, 가지에 맺지 않는 열매다. '사랑한다'는 말이 헛된 자취를 넘어서서 진정성을 머금으려면 "말이 사람 안에 깃들어 있는 것이 아니라 사람이 말 가운데서 있으며 그 말로부터 말을 하는 것"××이 되어야 한다.

사랑은 사랑에 빠진 이들에게 마법의 주문을 건다. 이 마법이 없다면 사랑은 발생하지 않는다. 누군가 당신을 사랑하기 때문에 그 사랑함에서 마법이 시작된다. 사랑에 빠지면 영혼에 비밀스런 신들이 강림하는데, 이 신들이 이성을 마비시키고, 혼돈에 빠진 감정이 이성을 대신하게 한다. 에바 일루즈는 '마법에 걸린 사랑'

× 레오 보만스 엮음, 앞의 책, 155쪽.
×× 마르틴 부버, 『나와 너』, 표재명 옮김, 문예출판사, 2001, 60쪽.

의 특징과 범주를 이렇게 요약한다. 사랑하는 대상을 거룩한 존재로 인식하고, 사랑은 그 이유를 대거나 설명할 수 없는 사태다. 사랑의 경험은 사랑하는 사람이 경험하는 현실을 압도하고, 마법에 걸린 사랑은 주체와 대상 사이에 분별을 지운다. 사랑의 대상은 항상 유일무이함으로 그 존재를 드러낸다. 또한 사랑하는 사람은 자신의 이해득실을 상대를 사랑하는 기준으로 받아들이지 않는다.[x] 당신 입에서, 아, 이거 내 얘기야, 라는 말이 나왔다면, 당신은 사랑이라는 마법에 걸린 상태다. 이 '마법에 걸린 사랑'이 사랑의 낭만적인 원형이다. 이 원형은 시대를 달리하면서 변용되고 변주되는데, 그런 가운데서도 변하지 않은 핵심 요소들이 있다. 그것은 사랑이 "신성함과 유일무이함과 압도되는 경험, 비합리성, 자신의 이해관계 포기, 자율성 희생"이라는 요소들을 품고 있다는 점이다.[xx]

낭만적 사랑에 대한 갈망은 상품화된 로맨스를 구매하고 소비하는 것으로 충족된다. '낭만적 로맨스'를 사려는 사람은 많다. 텔레비전 드라마나 영화를 통해 상품으로 거래되는 사랑에 열광하는 사람들. '낭만적 로맨스'를 다룬 드라마에 광고들이 붙고, '낭만적 로맨스' 영화가 상영되는 극장은 사람들로 붐빈다. 베스트셀러 연애소설들은 대형서점 거래대에서 가장 좋은 자리에 놓인다. 연애소설의 판매 규모는 우리 상상을 뛰어넘는다.[xxx] 연애

[x] 에바 일루즈, 『사랑은 왜 아픈가』, 김희상 옮김, 돌베개, 2013, 309~311쪽.
[xx] 에바 일루즈, 앞의 책, 312쪽.
[xxx] 에바 일루즈는 『사랑은 왜 불안한가』(김희상 옮김, 돌베개, 2014)에서 베스트셀러 『그레이의 50가지 그림자』에 대한 분석을 내놓는다. "'미국로맨스작가협회'에 따르면 이 시장은 2011년 미국 시장에서만 1조 3,500달러의 매출을 기록했다." 잘 팔리는 이 '하드코어 로맨스'를 『로빈

: 로맨스 :

소설들이 코카콜라만큼은 아닐지라도 엄청나게 팔려나간다. 연애 기술을 일러준다는 자기계발서들까지 덩달아 베스트셀러 목록에 오른다. 이런 현상은 '낭만적 로맨스'가 여전히 대중의 욕구와 관심 대상이라는 사실을 뒷받침한다. 사람들이 사랑을 하는 대신 사랑의 대용품으로 만족하는 데 길들여지는 이 현상을 어떻게 보아야 할까.

감정사회학 분야에서 명성을 얻은 에바 일루즈는 "낭만적 사랑"이 서구 문화 속에서 위반의 유토피아로 작동한다는 점을 주목한다. "서구 문화 속에서 낭만적 사랑은 위반의 아우라(aura of transgression)로 물들어 있었으면서도 동시에 지고의 가치로 끌어올려지고 있었다."[xxxx] 낭만적 사랑은 지고하고 숭고한 것으로 찬미되고, 비합리적이고 과잉으로 이상화된 사랑이다. 대중은 낭만적 사랑과 행복을 등치시키며 유토피아로 소비하는 관행에 길들여진다. "낭만적 사랑은 합리적이기보다는 비합리적이고, 이윤 지향적이기보다는 이유가 없고, 공리주의적이기보다는 유기적이며, 공적이기보다는 사적이다. 요컨대 낭만적 사랑은 자본주의가 마음속에 그려온 관습적 범주들을 벗어나 있는 듯이 보인다. 학계에서뿐만 아니라 대중문화와 '통념' 속에서도 낭만적 사랑은 상품 교환의 영역 너머에 위치하며, 심지어 사회질서에 맞서기도 한다."[xxxxx] 낭만적 사랑은 다른 어떤 조건보다 당사자

슨 크루소』와 견주면서 이 소설이 사랑과 섹스와 감정을 중시하는 "여성적 시각의 승리"를 다루었다는 평가를 내놓는다. 이 소설이 "사랑, 은밀함, 섹스"만을 다루면서 "땅이 아니라 감정의 정복을, 사람이라고는 찾아볼 수 없는 낯선 지대가 아니라 애정관계의 위험을, 유럽 문화의 자부심이 아니라 철부지 여대생이 어른으로 성장하는 과정을 그린다"고 지적한다. 앞의 책, 11쪽, 참조.
xxxx 에바 일루즈, 『낭만적 유토피아 소비하기』, 박형신·권오헌 옮김, 이학사, 2014, 29쪽.
xxxxx 에바 일루즈, 앞의 책, 19쪽.

의 감정을 우선시한다. 그런데 그 '감정'이라는 게 단순치가 않다. 에바 일루즈는 이렇게 말한다. 감정은 "생리적 각성, 지각 메커니즘, 해석 과정의 복잡한 결합물"이고, 이것은 "비문화적인 것들이 문화 속에서 부호화되고, 육체와 인지 그리고 문화가 수렴하여 융합되는 경계"에서 융성한다.× 낭만적 사랑은 '운명적 사랑', '첫눈에 반한 사랑', '나이나 신분의 큰 격차를 뛰어넘어 이룬 사랑'들의 양태를 띤다. 대중매체들은 낭만적 사랑의 상징, 서사, 이미지를 가공하고 퍼뜨리는 데 앞장선다. 왜냐하면 어느 시대나 항상 낭만적 사랑에 대한 수요가 존재하기 때문이다.

탈근대로 접어들며 낭만적 사랑은 불가능한 삶의 건축술이 되었는데, 그럼에도 여전히 사람들은 불가능한 우연과 불가능한 열정의 상호작용이 결합된 낭만적 사랑의 신화에 매혹당한다. 이 매혹의 뒷배는 이것이 최고의 행복을 얻는 방식이라는 믿음이다. 자본주의가 이런 '대중 심리'를 놓칠 리 없다. 자본주의는 재빠르게 새로운 수익구조를 낳으려고 낭만적 사랑과 시장을 교차하고 매개시킨다. 그러면서 '상품의 낭만화'와 '낭만의 상품화'라는 관행을 만드는데, 여기에 젊음, 아름다움, 매혹 등등의 이미지를 덧씌워 자기표현의 욕망과 결합한 뒤 다시 소비 시장에 내놓는다. 그리고 '낭만적 사랑'을 사고 파는 시장을 한껏 키우고 재생산한다. 자본주의가 숨이 끊긴 낭만적 사랑에 인공호흡을 해서 되살

× 에바 일루즈, 앞의 책, 20쪽.

: 로맨스 :

려내고 이를 '상품의 낭만화'와 '낭만의 상품화'라는 신상품으로 시장에 내놓은 것이다. "'상품의 낭만화'는 20세기 초 영화와 광고 이미지 속에서 상품이 낭만적 아우라를 획득하는 방식"으로, 그리고 "'로맨스의 상품화'는 로맨스 관행들이 초기 대중시장을 통해 공급된 여가 상품과 여가 기술의 소비와 점차 맞물리고 그러한 상품과 기술에 의해 정의되는 방식"으로 작동한다.[×]

사랑은 모든 것을 경제와 효율성, 성과와 업적을 환원시키는 시장 자본주의의 살벌함과 불모성에 대한 유일한 대안인가? 대중매체에는 '로맨스'가 넘쳐나고, 낭만적 사랑의 이야기는 끊임없이 변주와 변용을 거쳐 재생산된다. 사랑의 신화, 설화, 동화들, 즉 「춘향전」, 「운영전」, 「우렁각시」, 「나뭇꾼과 선녀」, 「낙랑공주와 호동왕자」, 「신데렐라」, 「잠자는 숲속의 공주」, 그리고 「아벨라르와 엘로이즈」, 「트리스탄과 이졸데」, 「로미오와 줄리엣」 같은 원전들은 시대를 달리해서 '낭만적 사랑'의 새로운 버전으로 나와 소비된다. '낭만적 사랑'을 변주하는 영화, 드라마, 소설들은 거의 언제나 대중의 주목을 받는다. 시대가 바뀌어도 '낭만적인 것'에 대한 갈망과 수요가 항상 있다는 방증이다. 우리 주변에서 '낭만적인 사랑'의 갈망은 여전하지만 사랑의 '황금시대'는 진작 끝난 듯 보인다. 그럼에도 주변에서 '난 사랑에 빠졌어요!'라거나 '우리는 서로 사랑해요!'라는 말을 흔하게 듣고, 누군가에게 '사

× 에바 일루즈, 앞의 책, 57쪽.

랑한다'는 말을 건네며 사랑을 통해 행복을 얻고자 분투하는 사람들을 안다. 사랑에 빠진 사람들이, 자, 지금부터 사랑에 빠지자, 라고 선언하며 사랑하는 것은 아니다. 사랑하는 사람들은 자기도 모르는 사이에 사랑에 빠지고, 이전과는 다른 감정으로 채색된 세상으로 진입한다.

에바 일루즈가 "낭만적 유토피아"라고, 울리히 벡이 세속시대의 "신흥종교"라고, 알랭 바디우가 랭보의 말을 빌려와 "삶의 재발명"이라고 명명한 사랑이라는 이 욕망의 특별함, 나는 이것을 감싼 채 증식하고 흩뿌려지는 미스터리와 의혹들에 대해 숙고한다. 여러 '로맨스' 소설들을 호명하는 이유는 그 때문이다. 사랑은 오랫동안 문학을 부양하고, 작가들은 이것에 들러붙어 불가사의한 욕망을 탐구해왔다. 그들은 죽음마저도 불사하는 몸짓인 에로스와 그 몸짓의 극렬함을 통해 욕망과 욕망이 조립하는 삶의 조건들을 살피고, 그것의 신비와 수수께끼에 대해 말한다. 나는 소설들을 꼼꼼하게 읽으면서 사랑이 시작되고 끝나는 방식, 사랑의 불가피함과 하염없음, 이야기로 육화된 사랑에 녹아든 철학들을 숙고해보려고 한다. 사랑에 대한 내 사유는, 20대 초반에 읽은 에리히 프롬과 마르쿠제와 롤로 메이를 시작으로 해서 여러 선각적 철학자들을 경유한다. 특히 롤랑 바르트, 에마뉘엘 레비나스, 알랭 바디우, 에바 일루즈, 한병철에 이르기까지 여러 저자의 책들과 함께 생각을 정리하고 체계를 세우며 오늘에 이른다. 내 사유에 심연이 있다면 그건 분명 이들 책들에 빚진 바가 있을 것이다. 무엇보다도 불에 덴 듯 왔다가 소실점 너머로 사라진 사랑들, 그 달콤하고 쓰디쓴 사랑들, 기분 좋음과 추락하는 감정의 극적인 교차, 천국과 지옥을 수시로 오간 내가 겪은 사랑들이야말로 사랑을 두고 펼쳐지는 내 사유의 근간을 이룰 테다.

많은 작가들과 철학자들이 사랑에 대해 쓰고 말하려는 이유는 분명하다. 사랑의 여정과 자아 해방의 길이 하나로 겹쳐질 뿐만 아니라 사랑을 빼놓고는 삶에 대해 말할 수 없는 까닭이다. 톨스토이의 『안나 카레니나』는 "행복한 가정은 모두 고만고만하지만 무릇 불행한 가정은 나름나름으로 불행하다"란 인상적인 첫 문장으로 시작한다. 기혼녀인 안나와 젊은 장교 브론스키가 눈이 맞아 시작되는 연애 이야기다. 안나는 결혼생활의 메마름에서 벗어나려는 안간힘에서 위험한 연애를 선택한다. 불행에 잠긴 가정들은 사랑에 실패한 흔적들이다. 톨스토이는 '나름나름의 불행'과 '고만고만한 행복'을 견줘 보여주고 싶었는지도 모른다. 결과적으로 안나가 불행한 결혼에서 해방되기 위해 선택한 사랑은 실패한다. 안나는 '나름나름의 불행'에서 벗어나왔지만, '고만고만한 행복'에 이르지는 못한 채 중간에서 방황하다가 결국 기차에 몸을 던져 자살한다. 안나는 사랑의 파국이 빚은 비극을 보여준다. 많은 사랑들이 행복이 아니라 비극을 낳는다. 그 이유는 무엇일까? 『안나 카레니나』를 읽으면서 우리는 사랑은 무엇인가, 라고 다시 물을 수 있다.

흔히 결혼을 연애의 무덤이라고 말한다. 결혼은 낭만적 연애가 아니라 날마다 직면하는 팍팍한 현실이기 때문이다. 결혼으로 아내/남편이라는 하나의 공동체가 탄생한다. 아내/남편이란 자리는 타자/동일자의 경계에 놓인다. 아내/남편은 자기가 편한 방식으로 정체성에 변덕을 부리며 수시로 타자와 동일자 사이를 오간다. 아내/남편은 타자도 아니고 동일자도 아닌 애매한 자리에 위치한다. 결혼은 특이한 타자였던 이가 그 타자성, 혹은 타자성의 신비를 잃고 동일자의 조건 아래로 투신하면서 벌어지는 소동이다. 이제 결혼과 함께 아내/남편은 사랑의 '밀당'을 그치고 두 사람의 관계를 지속이 가능한 우정의 연대로 관계를 바꿔야 한다. 사랑이 어느 날 갑자기 다가온 뇌에서 분비되는 사랑 호르몬 때문에 벌이는 한바탕 미친 소동이라면 결혼은 이성의 선택으로 지속되는 나날들이 펼쳐지는 무대이기 때문이다.

많은 연인들이 첫눈에 반해 사랑에 빠졌다고 말한다. 롤랑 바르트는 연인들이 첫눈에 반하는 것을 "최면"이라고 말한다.ˣ 최면에 걸린 사람이 그러하듯 첫눈에 반해 사랑에 빠지면 얼떨떨

× 롤랑 바르트, 『사랑의 단상』, 김희영 옮김, 동문선, 2004, 273쪽.

: 로맨스 :

한 상태, 의식이 혼미한 채 패닉 상태에 빠진다. 사랑하는 자들은 그 얼빠짐 속에서도 행복을 느낀다. 사랑은 그 누구의 몫도 아닌 사랑하는 자의 것이다. 사랑은 불안이자 희망이며, 생명의 요청이자 그 응답이다. 누구나 갈망하지만 사랑은 어렵다. 사랑의 어려움에도 불구하고 사람들은 사랑을 갈망하고 사랑에 빠진다. 유행가 중에 "사랑은 아무나 하나 눈이라도 마주쳐야지 / 만남의 기쁨도 이별의 아픔도 두 사람이 만드는 것"(태진아, 2000)이라는 노래가 있다. 이 대중가요의 문형은 그 속에 사랑은 아무나 할 수 있는 게 아니다, 사랑은 어렵다, 라는 전언을 감춘다. 이 노래가 사랑을 받으며 널리 알려진 것은 이 문형의 은폐 차원이 가리고 있는 전언의 힘을 보여준다.

나는 사랑을 다룬 소설들을 오랫동안 읽어온 사람이다. 사랑 담론은 불후의 베스트셀러다. 작가들은 한 시대를 가로지르며 그 징후들을 포착하고 그것을 이야기화한다. 소설은 징후적이다. 소설들은 허구지만 징후들은 이야기 속에서 구체적 실감으로 살아난다. 작가들은 사랑의 달콤함과 쓰라림, 사랑의 시련과 실패가 빚는 비극에 대해 쓴다. 작가들은 왜 그토록 사랑에 집착할까? 사랑은 가장 원초적인 삶의 몸짓이다. 사랑은 삶의 핵심을 드러내는 존재-사건으로 다른 무엇보다도 육체의 욕망과 영혼의 가변성과 유동성을 드러낸다. 그래서 사랑은 무수한 시와 소설들을 낳는다. "중요한 작품들, 위대한 소설들은 자주 사랑의 불가능성, 사랑의 시련, 사랑의 이탈, 사랑의 이별, 사랑의 목적 등을 토대로 집필"되는 것이다.[×] 고전 반열에 들어선 톨스토이의 『안나 카레니나』에서 현대의 에리카 레너드 제임스의 『그레이의 50가지 그림자』에 이르기까지 무수한 사랑 이야기들이 있다. 우리는 사랑을 다룬 수많은 소설들, 영화, 드라마를 보면서 사랑을 간접 경험한다. 사랑의 속사정과 비밀들을 품은 이야기를 끌고 가는 것은 사랑하는 자가 머금은 갈망과 사랑하는 자에 대한 환상이다. 사랑의 이야기들과 사랑이라는 전일론적 갈망은 이상과 현실 사이에 모호하게 걸쳐져 있다.

스콧 피츠제럴드의 『위대한 개츠비』에서는 위험한 낙관주의에 빠진 '1920년대 미국', 재즈와 욕망이 뒤섞여 광란하는 시대의 표정이 고스란히 살아난다. '재즈의 시대'라고 불린 이즈막 미국의 거품 경제는 수영장이 있는 대저택, 파티, 자동차, 사치, 불법 소득, 가짜 욕망 같은 기호들이 삶의 표면을 뚫고 나와 섬광이 터지듯 드러난다. 작가는 개별자의 삶과 사회의 풍속을 징후적으로 포획하고, 타자적 욕망들의 진열장을 빚어낸다. 1920년대 거품 경제라는 큰 흐름에 떠밀리며 부유하는 인물 군상들을 부재의 방식으로, 문학적 화신으로 그려내는 것이다. 『위대한 개츠비』를 비롯해 요한 볼프강 폰 괴테의 『젊은 베르테르의 슬픔』, 필

× 알랭 바디우, 앞의 책, 91쪽.

: 로맨스 :

립 로스의 『죽어가는 짐승』, 아니 에르노의 『단순한 열정』, 사무엘 베케트의 『고도를 기다리며』, 알레산드로 바리코의 『비단』들은 사랑에 '대하여' 모든 것을 보여주는 작품들이다. 나는 기억에 깊이 각인된 이 소설들을 다시 천천히 읽었다. 그것들을 읽는 가운데 사랑에 관한 내 사유는 윤곽과 형태를 드러내며 분명해진다. 나는 여러 책들에서 여러 부분을 인용할 것이다. 인용은 "'본래의' 맥락에 대한 특권[을] 부여"하는 행위다.× 인용은 은유를 빌려 말하자면 몸통에서 잘린 머리다. 잘린 머리는 여전히 몸통의 권위에서 발원한 오라가 감싼다. 누군가를 인용할 때 인용은 더 이상 저자의 것이 아니고, 그 몸통을, 그 몸통의 상징적 재화를 인용하는 자에게 양위한다. 잘린 머리가 다른 몸통에서 제자리를 차지할 때 그것은 본래의 맥락에서 가졌던 의미에 더해서 새로운 맥락에서의 의미로 부활한다. 인용은 본래 텍스트의 저자와 인용하는 자에게 텍스트의 한계를 넘어서게 하는데, 그래서 인용은 넓은 범주의 유의미한 새로운 저작 행위에 포괄된다.

사랑은 지금-여기에서 우리가 찾은 유일한 피난처일 가능성이 높다. 더 곤핍하고 절박한 사람이 피난처를 찾듯, 사랑도 더 절박한 사람들이 찾는다. 지금 사랑을 하고 있거나 늘 사랑이 어려운 사람에게, 항상 갈망하지만 갈망의 충족에는 실패하는 사람을 위해 이 책을 쓴다. 물론 나는 사랑의 형상과 규범을 도식화된

× 수잔 스튜어트, 『갈망에 대하여』, 박경선 옮김, 산처럼, 2015, 52쪽. 스튜어트는 인용이 다른 텍스트로 옮겨가 새로운 발화를 하게 됨을 주목한다. 그 '잘린 머리'는 스스로 '권위를 지닌 목소리'를 낸다. 수잔 스튜어트는 그에 대해 이같이 덧붙인다. "인용 부호는 발화를 본래의 맥락으로부터 떼어내어 그 자체를 텍스트화함으로써 거기에 무결성과 경계를 동시에 부여하고 해석의 여지를

틀 안에서 보려는 게 아니다. 사랑을 도식화하려는 노력은 늘 실패한다. 항상 사랑은 복잡하고 어느 경우에나 불가해한 경험이기 때문이다. 자, 지금부터 사랑 이야기의 여러 맥락 속에서 사랑의 성분적 요소들, 즉 속화, 타자, 시간, 광기, 과도함, 얼굴, 키스, 애무, 기다림, 갈망, 결혼, 덧없음 속으로 들어가보자.

열어둔다. 몸통에서 잘린 머리와 같은 모습을 한 인용은 스스로 권위를 지닌 목소리로, 그 안에는 힘과 한계가 동시에 자리 잡고 있다. 인용은 지금 역사와 전통이라는 목소리, 즉 '시공을 초월한' 목소리로 말하고 있음에도 불구하고, 애초에 진정성을 부여했던 그 기원과 본래 해석의 맥락으로부터 단절되어 있기 때문이다." 앞의 책, 52~53쪽.

To be alone ——————————————— 혼자

Loving someone ——————— 누군가를 사랑한다는 것

Romance ———————————————— 로맨스

Vulgarization ————————————— 속화

뤽 페리는 사랑을 지배하는 네 가지 대원리에 대해 설명한다. 그 네 가지 대원리는 우주적 원리, 신학적 원리, 인본주의의 원리, 해체의 원리다. 인류는 그것들을 거쳐서 다섯 번째 원리, 즉 좋은 삶은 사랑하는 삶, 사랑 안의 삶이라는 새로운 다섯 번째 원리의 세계로 들어선다.[×] 이렇듯 사랑은 사회 변화와 더불어 사랑에 대한 생각들, 그것을 둘러싸고 바글거리는 가치, 도덕, 풍속을 바꾼다. 이것은 꽤 긴 세월에 걸쳐 이루어진 변화다. 거칠게 개관하자면 우리가 향유하는 사랑은 신성화의 탈을 벗고 탈속화에로 나아오는 과정 속에 있다. 사랑이 신성화되던 시대에는 사랑을 위해 죽는다는 생각이 그다지 낯선 게 아니었다. 하지만 사랑에서 신성화가 휘발되어버린 세속화 시대로 들어서며 사랑을 위해 순교하려는 이들은 줄었거나 사라졌다. 신화 속에서 사랑은 '신'이고, 신의 육화였다. 사랑은 숭고한 것과 동일시될 수 있었는데, 오늘날 속화(俗化)된 사랑은 더 이상 신성한 것의 매개가 되지 못한다.

× 뤽 페리, 『사랑에 관하여』, 이세진 옮김, 은행나무, 2015, 37쪽.

: 속화 :

사랑은 우발적으로 일어나는 사건이다. 계산이나 예측 너머에 있다는 점에서 우발적이고, 또렷하게 예기치 않은 만남에서 비롯된다는 점에서 '파생 상품'이다. 이렇게 불거진 만남-사건이 우연을 운명으로 그 형질을 바꾸면서 사랑이 촉발된다. 사랑이 운명이 될 때 '이것은 사랑이다'라고 선언되는데, 이 선언이 간단치가 않다. 길고 복잡하며 혼동스러운 난관들을 거쳐야만 사랑은 사랑으로 선언될 수 있다. 사랑이 사랑으로 선언될 때, 에로스, 육체, 난관, 기적, 그럼에도 불구하고, 에피소드, 지속성, 시간성과의 투쟁 들을 두루 품는다. '이것은 사랑이다'라고 선언되지 않은 사랑은 사랑이 아니다. 사랑은 사랑한다는 선언이다. '이것은 사랑이다'라는 선언을 공인하는 것은 그것의 지속성이다. 사랑은 지속될 만한 것이어야 하며, 지속되어야 한다. 사랑은 지속성을 담보한 뒤 사랑으로 선언되고 놀라운 것으로 탈바꿈한다. 그리하여 사랑은 "미지의 무엇을 지속시키려는 욕망"이고, "삶의 재발명"이 되는 것이다.[x]

근대 이전의 사람들은 사랑을 위해 죽음도 마다하지 않고, 사랑을 위해 자기 전부를 걸기도 했다. 괴테의 『젊은 베르테르의 슬픔』이나, 스콧 피츠제럴드의 『위대한 개츠비』, 그리고 나보코프의 『롤리타』에 펼쳐지는 사랑이 그렇다. "나라는 존재는 아직 나의 것, 아니 당신의 것입니다! 오, 사랑하는 로테, 당신의 것입니

× 알랭 바디우, 『사랑 예찬』, 조재룡 옮김, 길, 2010, 44쪽.

다! 그런데 한순간에 갈라지고 이별하게 되다니 – 어쩌면 영원히 말인가요? 아닙니다. 로테, 아니에요."ˣ 사랑하는 자는 혼란에 빠진다. 노란색 조끼와 푸른색 연미복을 즐겨 입는 청년 베르테르는 사랑의 혼란 속에서 자살을 선택한다. 극단적인 자기 파괴라는 형식으로 제 사랑을 완성한다. 이것은 사랑이 기이하고 부조리한 통제불가능의 정열임을 보여준다. "롤리타, 내 삶의 빛, 내 몸의 불이여. 나의 죄, 나의 영혼이여. 롤-리-타. 혀끝이 입천장을 따라 세 걸음 걷다가 세 걸음째에 앞니를 가볍게 건드린다. 롤. 리. 타."ˣˣ 사랑하는 대상은 삶의 빛이고, 내 몸의 불이다. 사랑이 불안과 혼란의 중심에 있었지만 낭만주의적 전설에 감싸였던 시절에는 누구나 거침없이 사랑을 했다. 그 쉬웠던 사랑이 오늘날 어려운 게 되고, 그 많았던 사랑이 자취를 감춰 희귀한 것이 되어버렸다.

지난 세기, 사랑의 가능성이 활짝 열려 있던 시대에 사랑은 "신흥종교"로 거듭난다. 사랑과 종교는 완벽한 행복을 약속하고, 그것을 얻어내는 방식에서 닮았다.ˣˣˣ 그러나 기성 종교가 그 신도를 내세의 구원과 신성한 초월성으로 이끈다면 이 신흥종교는 서로에게 기대면서 동화적 행복을 지향한다. 연인들은 신에게 기도하는 대신에 사랑의 현세적 힘을 믿고 기대어 불가능성을 넘어간다. "연인들은 서로를 다르게 보고, 그래서 달라지고 다르게

× 요한 볼프강 괴테, 『젊은 베르테르의 슬픔』, 안장혁 옮김, 문학동네, 2010, 179쪽.
×× 블라디미르 나보코프, 『롤리타』, 김진준 옮김, 문학동네, 2013, 17쪽
××× 울리히 벡·엘리자베트 벡 게른스하임, 『사랑은 지독한, 그러나 너무나 정상적인 혼란』, 강수영·권기돈·배은경 옮김, 새물결, 1999, 300쪽.

: 속화 :

되어 서로에게 새로운 현실을 열어준다."ˣ 이 다르게 보기와 달라지기는 한 쌍이다. 다르게 보기는 연인의 매력을 극대화하면서 이상화의 모델로 만드는 것이다. 이것은 눈에 콩깍지가 씌인 상태, 즉 정념에 사로잡힘에서 일어나는, 평소에는 하지 않을 이상 행위다. 뻣뻣한 사람이 나긋나긋해진다거나 인색한 사람이 연인을 위해 돈을 쓰는 경우가 그렇다. 이것은 주관적 감정의 강렬함에서 빚어지는데, 상호적 행위다. 연인들은 서로에게 이끌려 헌신하고 숭배하는 신도로 거듭난다. 이 신흥종교에서는 다른 신도는 배제된다. 이 신흥종교는 둘만의 종교다. 사랑이 신흥종교로 여겨지는 시대에는 낭만적 사랑이 위력을 발휘한다.

지나간 시대에는 누구나 열정적인 사랑에 빠지곤 했다. 사랑은 좋은 것을 집약하는 모든 것이고, 사랑은 아무나 빠질 수 있는 것이었다. 인생의 가장 깊은 행복의 노래는 사랑에서 울려 퍼져 나오고, 사랑은 고귀하고 신성한 것이면서 동시에 보편적인 것으로 널리 향유되었다. 사랑은 어느 날 갑자기 찾아온다. 우연의 형태로 찾아오는 사랑은 위험하다. "사랑은 영혼을 건드리고 교란시켜 재편하기 때문이다."ˣˣ 근대 이전의 사람들은 사랑이 위험하다고 해서 사랑을 피하지 않았다. 사랑이 올 때 그것을 운명으로 받아들이고 다소곳이 따랐다. 사랑에 따르는 것은 숨 막히는 떨림과 경이, 그리고 행복에 이르는 길이고, 올바른 자기실현의

ˣ 울리히 벡·엘리자베트 벡 게른스하임, 앞의 책, 301쪽.
ˣˣ 로버트 롤런드 스미스, 『이토록 철학적인 순간』, 남경태 옮김, 웅진지식하우스, 2014, 176쪽.

한 방법이라고 여겼기 때문이다.

현대사회에서는 누릴 수 있는 자유가 거의 모든 부면에서 증가한다. 이것은 사랑에서도 예외가 아니다. 성인 남자와 여자는 더 쉽게 이성을 만날 기회를 갖는다. 자기가 스스로 상대를 선택해서 연애를 하고, 원하는 짝을 선택해서 결혼에 이르는 기회들도 늘어난다. 이런 자유의 증가로 인해 사랑은 더 쉬워졌을 거라고 짐작한다. 그런데 역설이 생겨난다. 많은 이들이 이 넘치는 자유에서 도피하는 사태가 벌어진다. 울리히 벡과 엘리자베트 벡 게른스하임은 "변화의 윤리"가 가동되기 시작했다는 점에 주목한다. "사람들을 가로막는 낡은 장벽들—자연법, 신의 말씀, 사회적 관습과 계급적 명령들—은 점차 무너져가고 있으며, 그 결과 우리가 그만두어야 할 때를 정해주던 규칙들도 존재하지 않게 되었다. 대신에 더 많은 것을 찾는 것이 규범이 되었다. 더 빨리, 더 크게, 더 아름답게!"[x] 이것은 역설이다. 더 많은 자유가 주어지자 우리는 스스로를 제약하기 시작한다. 그 제약들로 더 많은 사람들이 사랑을 찾는 일에 어려움을 겪고, 더 많은 결혼 관계들이 깨어지고 있다.

농경사회에서 산업사회를 거쳐 현대사회로 넘어오면서 사랑은 더 어려워졌는데, 이는 현대사회가 사랑의 '부정성'을 지워

[x] 울리히 벡·엘리자베트 벡 게른스하임, 앞의 책, 171쪽.

: 속화 :

버리는 탓이다. 현대사회는 모든 것을 할 수 있음의 영역으로 이끈다. 성과 원리가 일반화되어 있는 사회에서는 할 수 없음의 부정성이 용납되지 않는다. 재독 철학자 한병철은 이렇게 지적한다. "우리는 오늘날 디지털 미디어에 의지하여 타자를 최대한 가까이 끌어오려고 한다. 그리고 가깝게 만들기 위해 타자와의 거리를 파괴하려고 한다. 하지만 이를 통해 우리는 타자에게서 아무것도 얻지 못하게 된다. 거리의 파괴는 타자를 가까이 가져오기는커녕 오히려 타자의 실종으로 귀결된다. '가까움'은 그 속에 '멂'이 기입되어 있다는 점에서 일종의 부정성이라고 할 수 있다. 지금은 먼 것의 철폐 과정이 진행되고 있다. 하지만 먼 것의 철폐는 가까움을 만들어내기는커녕, 오히려 가까움의 철폐로 이어진다. 가까움 대신에 거리의 부재 상태가 형성되는 것이다. 가까움은 부정성이기에 속에 긴장을 품고 있다. 반면 거리의 부재는 긍정성이다. 부정적인 것은 그 대립자에 의해 활력을 얻는다. 바로 여기에 부정성의 힘이 있다. 오직 긍정적이기만 한 것에는 이처럼 생동하게 하는 힘이 없다."ˣ 사랑에 관한 온갖 부정성이 제거되면 사랑의 상처, 사랑의 고통, 사랑의 추락도 배제된다. 이런 부정성이 사라진 세계는 유토피아가 아니다. 부정성을 제거하면서 부정성과 함께 사랑 자체도 사라지고 말 것이기 때문이다.

진정한 사랑은 돈, 신체, 재능과 크게 상관이 없는, 갈증과 욕

ˣ 한병철, 『에로스의 종말』, 김태환 옮김, 문학과지성사, 2015, 43쪽.

망으로 촉발된다. 사랑은 그 무엇도 아닌 사랑으로 향유하는 능력이다. 사랑은 숭고한 것이고, 유한한 인생의 시간 속에서 거의 유일하게 영원성을 체험할 수 있는 것이다. 하지만 오늘날 에로스와 타나토스를 오가는 사랑은 죽었다. 살과 살의 스치고 부빔, 혀의 엉킴, 젖가슴의 움켜쥠, 허리와 엉덩이를 쓰다듬기, 서로의 몸을 핥고 물어뜯기 등과 같은, 흥분과 열락으로 몸을 떠는 에로스 없는, 사랑과 본능이 하나로 결합하여 몸이 팽팽해지고 떨고 움직이는 열정 없이 메마른, 혼 없이 나누는 사랑만이 남았다. 그 혼 없는 사랑은 성애화되어 소비되는 섹스, 전시되는 상품으로서의 포르노다.

사랑은 '지속성' 안에서만 빛을 발한다. 그러니 사랑은 지속 그 자체라고 말해야 할 것이다. 지속은 충실성이라는 밀도를 드러낸다. 사랑은 충실하겠다는 약속이고, 그것의 그침 없는 실천이다. 알랭 바디우는 사랑이 "진리의 절차"이자 "진리가 구축되는 하나의 경험"이라고 말하면서, "둘이 등장하는 무대"라고 정의한다. 둘이 등장하는 무대라고? 그렇다. '둘'은 사랑의 가장 기초적인 전제 조건이다. 알랭 바디우에 따르면 사랑은 "시련을 받아들이고, 지속될 것을 약속하며, 바로 이 차이에서 비롯된 세계의 경험을 수용해나가"는 것이고, "자기 고유의 방식으로 차이에 관한 새로운 진리 하나를 생산"해낸다.[×] 사랑이 진리의 생산이라

×알랭 바디우, 앞의 책, 51~52쪽.

: 속화 :

고? 알랭 바디우는 사랑에 대해 말하면서 '진리'라는 매개항을 슬쩍 들이민다. 사랑은 진리의 어떤 속성을 품고 있는 것일까? 이때 진리란 세계의 자명성의 다른 이름이다. 남자와 여자의 차이는 자명하다. 남자와 여자가 연인이 되면 이 차이도 자명하게 드러난다.

필립 로스의 『죽어가는 짐승』에는 노경의 초입으로 들어서는 '늙은' 대학교수와 20대 '젊은' 여성 제자와의 사랑이 펼쳐진다. 작가는 살아 있음, 그 안에서 겪는 사랑과 섹스, 욕망에 대한 강렬하고 압도적인 성찰을 담아낸다. "생물학이 사람들에게 저지른 위대한 장난은 다른 사람에 관해 뭔가 알기 전에 친밀해지기부터 한다는 거야. 첫 순간에 모든 걸 이해하는 거지. 처음에는 서로의 거죽에 이끌리지만 동시에 직관적으로 전체를 다 파악해. 서로 끌리는 건 등가일 필요가 없어. 이 아이는 이것에 끌리고 상대는 다른 것에 끌려도 돼. 거죽이고, 호기심이지만, 그러다가, 쾅, 전체가 되는 거야. 아이가 쿠바 출신이라는 것도 좋은 일이고, 아이의 할머니가 이런 사람이고 할아버지가 좋은 사람이라는 것도 좋은 일이고, 내가 피아노를 치고 카프카의 원고를 갖고 있다는 것도 좋은 일이지만, 이 모든 건 그저 우리가 갈 곳에 이르는 우회로일 뿐이야. 매혹의 한 부분이라고 보지만, 아예 없는 게 훨씬 좋을 그런 부분이지. 꼭 필요한 매혹은 섹스뿐이야. 섹스를 제

하고도 남자가 여자를 그렇게 매혹적이라고 생각할까? 섹스라는 용건이 없다면 어떤 사람이 다른 사람을 어떻게 그렇게 매혹적이라고 생각할 수 있을까? 그런 용건 없이 누구에게 그렇게 매혹될까? 불가능하지."× 사랑의 매혹은 그것이 섹스라는 용건을 품고 있기 때문이다. 필립 로스는 작중인물의 입을 통해 "꼭 필요한 매혹은 섹스뿐이야"라고 단언한다. 인류의 진화 시스템에서 사랑의 한 부면으로서 '섹스'가 인류의 생육과 그 번성을 이루는 데 크게 기여했음은 분명하다.

포르노의 시대에는 에로스의 지속성이 담보하는 진리가 사라진다. 이때 지속성은 에로스의 지속성이다. 지속성이 없다는 것은 에로스가 사라졌다는 증거다. 에로스 없는 사회에서는 포르노가 창궐한다. 포르노는 정념이 없는 사랑, 물신화된 사랑이다. 포르노는 섹스의 과잉이 아니라 섹스의 부재를 가리킨다. 포르노에는 성기의 결합만이 있을 뿐 에로스가 깃들 여지가 없다. 에로스 자체를 말끔하게 제거해버리기 때문이다. 포르노는 섹스가 없는 섹스, 즉 섹스의 공회전이다. 섹스 없는 포르노는 아무리 엑셀레이터를 밟아도 앞으로 전진하지 않는 자동차나 마찬가지다. 포르노의 음란함은 이 성애의 부재에서 비롯한다. 죽음까지 치달을 수 있는 욕망의 뜨거움이 제거된, 차갑고 건조한, 오직 성적 긴장을 해소하게 급급한, 그렇게 소비되는 섹스와 포르노그래피는

× 필립 로스, 『죽어가는 짐승』, 정영목 옮김, 문학동네, 2015, 27~28쪽.

: 속화 :

진짜 사랑을 침식하고 파괴한다.

　오늘의 시대는 에로스가 아니라 '섹시함'을 미적 자본으로 추켜세우고, 그것을 증식시키고 소비하는 것에 몰두한다. "섹시함은 증식되어야 하는 자본이다. 전시가치를 지닌 신체는 상품과 다를 것이 없다. 타자는 성애화되어 흥분을 일으키는 대상으로 전락한다. 우리는 이질성이 제거된 타자를 사랑하지 못한다. 우리는 그것을 다만 소비할 뿐이다."ˣ '섹시함'은 인격이 배제된 채 타자에게서 떨어져나온 파편이다. 이 타자성의 파편은 성적 흥분을 일으키는 요인이지만, 사랑을 낳지는 못한다. 사랑의 부재, 그 불임성이 만연된 사회에서 섹시함은 이상증식한다. 사람들은 그걸 '상품'으로 구매하고 활발하게 소비하기 때문이다. 포르노그래피는 '섹시함'이란 상품에서 성기적 성애만으로 노골화하고 특화시킨 '파생 상품'이다. 오늘의 사랑은 초월성이나 위반이 깃들 새도 없이 소비되는 것이다.ˣˣ 절망과 불안, 위험과 모험을 제거해버린 안전한 사랑이 소비되고 있다. 소비되는 사랑, 속화된 사랑, 그게 오늘의 사랑이다. 누구도 더 이상은 괴로운 것도, 불안도 원치 않기에 그런 괴로움과 불안을 가져오는 사랑을 회피한다. 사랑의 불행이나 위기를 회피하는 게 당연시 된다. 안전한 사랑을 욕구하는 이들에게 사랑은 더 이상 '위반의 유토피아'가 아니다. 오늘의 사랑은 장애와 위기를 만나고 극복하면서 단단해질 기회조차 갖지 못한 채 사산한다. 왜냐하면 오늘의 사회에는 사

ˣ 한병철, 앞의 책, 2015, 42~42쪽.
ˣˣ 한병철은 사랑에서 부정성이 제거된 채 "소비와 쾌락주의적 전략의 대상"으로 위축되는 현상을 지적한다. "타자를 향한 갈망은 동일자의 안락함으로 대체된다." 사랑의 갈망이 동일자의 안락함으로 대체될 때 남녀는 '썸'을 타고, '간'을 보며, '밀당'을 한다. 사랑이 규범과 인습의 위반이 되면서 사회와 충돌할 때 위험 회피 전략이 나타난다. 즉 동일자의 안락함에 머물면서 '썸'이나 '간', '밀당' 같은 뒤틀린 행태들이 나타난다. 앞의 책, 52쪽 참조.

랑을 흉내 내는 덜 익은 사랑, 서툰 사랑, 편협한 사랑, 이해타산에 춤추는 사랑들이 바글대며 들끓기 때문이다. 사랑에 목숨을 걸던 예전에 견줘 오늘의 사랑은 그 위엄이나 명예를 잃은 채 쪼그라들고 남루해졌다. 그것은 오늘의 사랑이 위험과 모험이 배제되고, 열정과 신비가 휘발된 채 편의점에서 쉽게 사는 소비재 같이 지나치게 가벼워진 탓이다.

사랑은 알코올중독이나 마약중독과는 근본적으로 다른 문제다. 사랑은 본성적인 것의 영역에 속하고, 생명의 요청이다. 다른 것은 힘들어도 끊을 수 있는 데 반해 사랑을 하지 않고는 살 수가 없다. 사랑은 우리가 누구인지를, 우리의 숨은 정체성과 자아를 드러내고, 나에게서 없는 것을 상대에게 구하는 경험이다. 당연한 사실이지만 사랑은 사랑하지 않음에서 시작한다. 사랑은 외로움에 대한 저항이고, 타자를 통해 존재의 기쁨과 의미를 얻으려는 시도다. 사랑은 기쁨과 생기, 거기에 더하는 화사함으로 사랑하지 않음을 수치로 바꾼다. 사랑의 기쁨은 그 자체로 완전하다. "기쁨은 상속자도 어린이도 필요로 하지 않는다. 기쁨은 그 자체만을 원하며, 영원을, 같은 것의 반복을 원한다. 그것은 모든 것이 영원히 그대로이기를 바란다."ˣ 사랑은 존재의 결핍과 부재를 채우고 메우며 충일과 충만을 일궈낸다. 사랑은 사람을 분주하게 만든다. 사랑하는 자들은 확실히 사랑하지 않는 사람에 견줘 더 생기 있고 활기차다. 사랑하는 자들이 사랑을 대체로 자랑스러워

ˣ 롤랑 바르트,『사랑의 단상』, 김희영 옮김, 동문선, 2004, 89쪽.

: 타자 :

하는데, 반면 사랑하지 않는 자들은 사랑하지 않음에 대한 변명 거리를 찾는다. 사랑하지 않는 자들은 자신들이 무능력하고 우둔하다고 느낀다. 사랑하지 않음은 고갈과 부재를 내면화하면서 그것을 견디는 일이다. 사랑은 인류 역사 전체를 통해, 타산적 결혼에서 연애결혼으로 이행하는 근대 이후로도, 여전히 결합의 정당한 근거이자 준칙이고, 생명의 본성으로 꼽히는 일이었다. 사랑이 의미의 원리, 생명의 원리에 속하는 한에서 제일의적 가치의 지위를 잃은 적이 없었다. 사랑이 존재의 의미화라면 사랑하지 않음은 아무것도 아님 속에 웅크리는 것이다.

「킨제이 보고서」가 처음 나왔을 때 이것이 성을 통계학으로 수렴하며 이 시대의 사랑을 수량으로 계측할 수 있는 차원으로 끌어낸 사건이라고 여겼다.[×] 성이 에로스의 일부로 귀속되기는 하지만 사랑은 성의 통계학으로 환원할 수 없다. 「킨제이 보고서」가 흥미를 유발하고 파장을 일으킨 것은 사실이지만 이것은 속화된 사랑의 부산물일 따름이다. 에로스는 계량화할 수 있는 외부적 대상이 아니라 나누고 쪼갤 수 없는 내적 체험, 즉 정념에 속한다. 사랑은 정념이라는 복잡한 감정과 심리의 메커니즘을 포괄하고 이것이 몸에서 작동하는 방식 그 자체다. 사랑은 감정적인 것만도 육체적인 것만도 아니다. 에로스는 그 둘을 결합시키는데, 결합으로 그 둘 어느 것도 아닌 것으로 화학적인 변화를 일으킨다. 사랑하는 사

× 알프레드 킨제이(Alfred C. Kinsey)는 1948년 1월, 「킨제이 보고서」를 펴낸다. 먼저 나온 『남성의 성행위(Sexual Behavior in the Human Male)』는 두 권으로, 혼외정사, 동성애, 매춘을 포함해 성행위 횟수 등등의 다양한 통계를 담는다. 1953년 남성 편과 짝을 이루는 『여성의 성행위(Sexual Behavior in the Human Female)』가 나온다. 성생활에 관한 통계분석을 담은 이 킨제이 보고서가 일으킨 사회 파장은 엄청났다.

람은 사랑을 통해 명예를 얻고, 그 명예를 발판 삼아 더 나은 사람으로의 갱신을 이룬다. 사랑하는 사람은 불가능한 것을 가능함으로 바꾸는데, 그런 까닭에 그는 어제와는 다른 사람이다. 무엇보다도 불가능성으로 여겨지던 숭고함을 얻는다. 이 숭고성을 그에게 준 것은 아토포스(atopos)다.[×] 사랑은 형언할 수 없는 놀라움과 기적의 힘을 갖는다. 이 힘이 자기의 부속물로 종속되어 있는 자아를 해방시킨다. 나라는 존재가 내 실존 안에 발을 걸치고 있는 한에서, 그리고 타자의 바깥에 머물러 있으면서 내 자신에 대해서는 항상 연결되어 있다는 점에서, 존재는 나를 구속한다. 사랑하는 사람은 사랑에 구속되면서 동시에 자기 구속에서 풀려난다.

에로스의 출현은 갑작스럽다. 에로스는 전에 본 적 없는 것의 출현이다. 에로스와 타자는 내가 갈망하는 것의 부재를 채운다. 이 부재를 충일로 바꾸는 것은 여기 없는 미래의 시간이다. 타자는 늘 미래에서 온다. 인간 시간 저 너머, 자연보다 앞서는 저 너머, 태고를 품어 안은 미래에서. 타자의 낯섦은 타자의 성분적 요소들이 내가 살아본 적 없는 미래의 시간과 연관되기 때문이다. 사랑의 관계 안에서 타자는 미래의 현재적 솟구침이다. 타자는 나에게 없는 것, 즉 부재의 현전이고, 그 이질성으로 나를 사로잡으며 아토포스로 데려가겠다고 약속한다.

[×] 아토포스는 소크라테스의 대화자들이 관습적이지 않은 방식으로 행동하는 소크라테스에게 부여한 명칭이다. 본디 뜻은 '무소적인 자'다. 모든 사랑은 경험할 수 없는 기적의 경험이라는 점에서 아토포스다. 롤랑 바르트는 『사랑의 단상』에서 "내가 사랑하고, 또 나를 매혹시키는 그 사람은 아토포스이다. 나는 그를 분류할 수 없다. 왜냐하면 그는 내 욕망의 특이함에 기적적으로 부응하러 온 유일한, 독특한 이미지이기 때문이다"라고 쓴다.(앞의 책, 60쪽)

: 타자 :

사랑은 정념의 놀음이다. 이것의 본질은 뇌 속에서 일어나는 호르몬에 의한 소용돌이다.ˣ 당신이 사랑에 빠졌다면 사랑은 당신을 붙잡고 놓아주지 않는다. 사랑의 감정이란 "항상 당신으로부터 도망가는 사람으로부터, 막상 당신은 도망가지 못하는 것이다. 떨어져 있으면, 타자는 당신을 붙잡고 놓아주지 않는다. 타자는 요구가 많은 유령이 되어서, 당신의 영혼을 점령한다. 그리고 일단 타자로부터 애정의 채무에 대해서 이행 요청을 받게 되면, 세상의 나머지 일에 대한 당신의 애정은 찌꺼기일 뿐이고, 흥미도 별로 없게 된다."ˣˣ 지금 당신의 마음속에 누군가 있는가? 그와 사랑에 빠졌는가? 사랑에 빠진다는 것은 당신의 영혼이 그 누군가의 식민지가 되었다는 뜻이다. 이제 당신의 시간은 온전히 당신만의 것이 아니다. 당신을 사랑한다는 그 누군가와의 연관 속에서만 그것을 쓸 수가 있다. 당신의 시간을 나누고 쓰려는 자는 당신을 사랑이라는 이름으로 포획한다. 그는 타자라는 이름의 유령이다. 당신의 시간은 그 유령에게 저당 잡혀 있다. 그 타자는 멀리 있다. 타자의 현존이란 항상 부재의 현존이기 때문이다. 타자는 아무리 멀리 있어도 당신을 조종하고 지배한다.

사랑은 타자가 주는 분에 넘치는 선물이자, 흐릿한 미래의 유토피아를 향해 떠나는 위험한 여행이다. 그것이 때때로 위험한 것은 한 치 앞도 내다볼 수 없는, 검증할 수 없는 미지를 향한 발

ˣ '옥시토신'이라는 호르몬은 사랑할 때 분비되는 신경화학물질이다. 흔히 '사랑의 호르몬'으로 알려져 있다. 신경과학자들은 사랑을 문화적 학습의 결과가 아니라 뇌의 타고난 생물학적 특성으로 이해한다. "사랑의 메커니즘은 뇌의 보상체계라는 것이 신경과학자들의 결론이다. 개인 간에 유대를 지속하기 위해서는 도파민과 함께 옥시토신과 바소프레신이 충분해야 하고, 사랑과 관련된 뇌 영역과 호르몬은 부모와 자녀의 유대, 부부애, 동성 또는 이성 간 사랑에서 동일하며, 들쥐든 양이든 인간이든 모든 종 안에 존재한다. 따라서 뇌의 보상체계에서 옥시토신이나 바소프레

걸음이기 때문이다. 그 앞에 무엇이 있을지 알 수가 없다. 두 사람은 사랑의 힘에 의지해 앞으로 나아간다. 사랑은 외부(특히 경쟁자)를 철저한 배제한 채 하나의 둥지를 만들고 그것 안에 거주하려는 열망에서 커지는 정념이다. 둘은 한 둥지에서 서로의 갈망을 채운다. 이 사랑의 기본 모델은 어머니와 아기의 관계다. 이 둘의 관계에서 아버지는 관계 속으로 틈입하지 못한 채 바깥으로 밀려나는 외부자다. 사랑은 두 사람이 함께할 수 있는 둥지를 만드는 과정이다. 또한 사랑하는 이들은 자신의 둥지가 "꿈을 담은 나는 양탄자"이기를 바라지만 그것은 떠오르는 순간 땅으로 곤두박질치며 좌초한다. 사랑은 유토피아인데, 이 유토피아는 "아래로부터, 성적 충동의 힘과 지속성으로부터 그리고 개인의 깊은 소망으로부터 자라"난다.××× 사랑은 도덕과 통계적 수치와 전통, 합리적 이성과 논리의 길에서 벗어나 광란에 이를 만큼 의식을 사로잡는 강렬한 체험이다. 이 강렬함, "특수하고 감정적이고 열중하게 하고 피할 수 없는 체험을 가능하게 해주는 것"××××, 이것이 사랑의 가치와 위력의 배경이다.

　사랑은 저 혼자 할 수 있는 게 아니라 상대가 필요한 것, 즉 상호적인 관계성 안에서 움튼다. 사랑은 타자에게 매혹당하는 일이고, 타자를 갈망함이다. 왜 타자를 갈망할까? 타자가 다름의 존재, 미지의 존재이기 때문이다. 우리는 미지의 존재, 미지의 것에

신 수용체를 관장하는 유전자 한 개가 사랑을 하고 사랑을 하지 못하는 차이를 만든다." 주창윤, 『사랑이란 무엇인가』, 마음의숲, 2015, 260~261쪽 참조.
×× 알랭 핑켈크로트, 『사랑의 지혜』, 권유현 옮김, 동문선, 1998, 57쪽.
××× 울리히 벡·엘리자베트 벡 게른스하임, 앞의 책, 303쪽.
×××× 울리히 벡·엘리자베트 벡 게른스하임, 앞의 책, 306쪽.

: 타자 :

게 이끌린다. 그 미지의 존재에 제 욕망을 투사함으로써 미지의 존재를 부풀린다. 욕망을 투사하면서 대상의 미지성을 이상화하는 것이다. 이상화는 대상을 한껏 눈부신 존재로 변신시킨다. 그것은 대상의 성분적 요소와 별로 상관이 없는데, 그 눈부심은 우리의 상상력과 환상이 만들어낸 신기루이기 때문이다. 미지의 존재는 항상 그 자리에 있는 자가 아니고, 그는 언제라도 사라질 존재다. 그가 사라질지도 모른다는 불안이 행동을 부추긴다. 사랑하는 대상은 내가 거머쥐지 못한 존재다. 사랑의 대상들은 내게서 달아나는 자들이다. 그를 붙잡지 않는다면 그는 눈앞에서 영원히 사라질지도 모른다. 그래서 우리는 불가능의 가능성에 제 몸을 던진다. 사랑은 약간의 얼빠짐, 무모함, 만용을 품는다. 많은 사랑이 앞뒤를 재지 않는 무모함에서 시작하는 것은 타자가 늘 달아나는 자이기 때문이다. 그런 까닭에 무모함에 의지해 제 몸을 던지지 않는 자는 사랑에 빠질 수가 없다.

사랑하는 타자는 항상 나보다 우월하다. 그것은 타자가 내가 갖지 못한 것을 갖고 있으며, 관대하고 사려 깊으며, 신비하고 매혹적이며, 크고 강한 존재인 까닭이다. 타자의 아름다운 성분적 요소들이 욕망을 자극한다. 사랑은 욕망에 덧씌워진 환상에서 시작한다. 많은 사랑들을 부양하는 것은 환상이다. 우리가 어떤 이성을 보고 놀람과 현기증 속에서 다시 보고 싶어 하며, 더 오래

눈길이 머물고 그동안 숨결이 가빠지며 심장이 고동치는 것이 사랑의 신호다. 사랑은 정념의 파동이고 그로 인한 영혼의 뒤척임이다. 그 파동은 소용돌이로 넓게 퍼져나가며 존재를 사로잡는다. 더 근원적으로 사랑은 끊임없이 파고드는 죽음의 불안에 대비한 보험이고, 삶의 저변에 널린 의혹과 불안에서의 피난처다. 그토록 사랑을 갈망하는 것은 타자가 나를 크고 작은 불안에서 구원한다는 환상 때문이다.

한병철은 『에로스의 종말』에서 오늘의 사회에 퍼진 사랑이 난관에 빠진 이유를 "타자를 그의 다름이라는 면에서 경험하는 능력이 없어지는 것"에서 찾는다.[x] "에로스는 강한 의미의 타자, 즉 나의 지배 영역에 포섭되지 않는 타자를 향한 것이다. 따라서 점점 더 동일자의 지옥을 닮아가는 오늘의 사회에서는, 에로스적 경험도 있을 수 없다."[xx] 아니, 그보다 더 깊은 뿌리가 있다. 오늘의 세계는 자본이 지배하는 성과사회이다. 이 성과사회에서는 타자가 사라지는 현상이 빈번하다. 성과사회는 우울증이라는 나르시시즘적 질병에 감염된 주체들을 만들고, 그리고 "주체를 자기 속으로 추락하게 만든" 사태를 낳는다. 타자는 더 이상 타자성을 발현하거나 타자 역할을 수행하지 못한다. "타자는 타자성을 빼앗긴 채 주체의 에고를 확인해주는 거울로 전락한다."[xxx] 타자가 부재하는 세계에서 사랑은 자본과 동일시된 채 증식하는 섹시함

x 한병철, 『에로스의 종말』, 김태환 옮김, 문학과지성사, 2015, 43쪽.
xx 한병철, 앞의 책, 18쪽.
xxx 한병철, 앞의 책, 20쪽.

의 소비나 포르노의 향락으로 대체된다. 우리는 멸종 위기에 몰리며 사라져가는 사랑을 되살릴 수 있을까? 철학자들은 "오늘의 사회에서 나르시시즘적 경향의 심화와 함께 사라져가고 있는 타자의 부정성, 마음대로 다룰 수 없는 아토포스적 이질성에 주의를 기울일 것을 강력하게 촉구"하고,[x] 타자의 이질성을, 타자의 부정성을 폐기하는, 동일자의 지옥, 현재의 전면적 지배에 맞서 저항하라고 말한다. 물론 그 저항의 방식은 더 많이 사랑함, 죽음과 파멸을 뚫고 나올 만큼 강렬한 사랑을 두려워하지 말고 더 대담하게 뛰어드는 일이다.

사랑은 '나'와 다른 타자를 사랑하는 것이다. 사랑은 타자의 매혹에 이끌림에서 비롯한다. 사랑의 촉매가 되는 매력은 타자의 다름 속에 바글거리는 그 무엇이다. 타자에게 다름이 없다면 사랑의 불꽃은 발화되지 않는다. 타자의 다름은 사랑의 전제 조건이다. 에로스에 불길을 당기는 것, 즉 가장 강렬하게 경험되는 타자의 매혹은 입술, 눈동자, 젖가슴, 허리, 엉덩이 등등의 육체의 매혹이 선사하는 섹스에의 갈망이다. 사랑의 전제 조건이 되는 것, 꼭 필요한 단 하나의 매혹이 있다면 그것은 무엇인가? 그것은 섹스에의 열망에 대한 자극이다. 사랑스런 육체의 움직임들, 나이든 교수를 사랑에 빠지게 하는 스물 네 살짜리 여자의 행동은 어떤 것인가? "구체적이면서도 신비했고, 묘하게도 놀랄 만한 작은 것들이 가득했

× 한병철, 앞의 책, 48쪽.

어."ˣ 사랑이란 종종 대상에 대한 과장이고, 과잉의 의미 부여다. 모든 사랑은 크건 작건 간에 "전략적인 상호 기만에 의존한다"ˣˣ 는 사실은 비밀이 아니다. 상대의 단점은 축소하고 장점은 확대한다. 상대를 매혹의 존재로 새롭게 빚어내는 것인데, 만약 이런 빚어냄이 없다면 사랑은 시작하기 전에 시들고 말 것이다.

사랑은 타자를 전제로 하는 '상호성'의 발현이고, 여기서 '상호침투성'이라는 개념이 나온다. 사랑은 저 혼자 하는 게 아니라 누군가와 하는 것이고, 사랑하는 두 사람은 서로에게 스미고 서로를 빨아들이기도 한다는 것이다. "상호침투는 한 체계의 행위로서의 상호침투가 동시에 다른 체계의 체험이기도 하다는 점에서 주목하는 개념이며, 이는 외적으로 확인하는 것일 뿐 아니라 상호침투의 고유한 재생산의 조건이기도 하다. 사랑 속에서 우리는 바로 이런 타인의 체험을 통해서만 더 살아갈 수 있는 방식으로만 행위할 수 있다. 행위들은 타인의 체험 세계 속에 끼워 맞추어져야 하며 그 세계로부터 재생산되어야 한다."ˣˣˣ 사랑은 타자를 통한 의미 찾기다. 상호침투라고 해서 두 연인이 항상 의기투합하고, 하나의 총체성 안에서 합일되는 것은 아니다. 합일은 삐그러지고, 두 사람의 감정과 기분은 어긋날 수도 있다. 그럼에도 사랑한다는 것은 서로를 기쁘게 해주고 원하는 바를 해주는 것을 넘어서서, 내가 사랑하는 자, 즉 타인의 세계 속에서, 혹은 타

ˣ 필립 로스, 『죽어가는 짐승』, 정영목 옮김, 문학동네, 2015, 39쪽.
ˣˣ 로버트 롤런드 스미스, 『이토록 철학적인 순간』, 남경태 옮김, 웅진지식하우스, 2014, 176쪽.
ˣˣˣ 니클라스 루만, 『열정으로서의 사랑』, 정성훈·권기돈·조형준 옮김, 새물결, 2009, 254쪽.

: 타자 :

인의 행위 속에서 의미를 찾아야만 하는 것이다. 연인들은 자주 함께 음식을 나눈다. 혀와 이빨과 입술로 음식을 물고 빨고 삼키는 행위는 섹스에 대한 무의식적인 기대를 자극한다. 따라서 연인들이 음식이나 음료를 먹고 마시는 행위는 섹스를 위한 무의식적인 준비과정이다. 연인들의 성찬(盛饌)은 곧 있을 섹스에 대한 기대로 즐거움과 흥분을 고조시킨다. 연인들은 서로의 몸에 상호침투할 기회를 엿보는데, 몸을 만지고, 껴안고, 입 맞추는 것만이 상호침투가 아니다. 멀리 떨어진 채 그리워하는 것조차도 잠재적인 상호침투다. 달아오른 몸으로 상호침투의 기회를 열망하지 않는 관계란 이미 사랑이 식어버렸다는 징후다.

사랑이 초래하는 혼란은 그것이 "인간의 영역과 신의 영역을 넘나들고 유한과 무한 사이에서 방황하는 경험"이기 때문이다.[*] 사랑을 갈망하지만 이상할 정도로 사랑을 얻지 못한 사람은 세상으로부터 버림받은 느낌에 빠진다. 그것의 병적 징후가 우울증이다. 나르시시즘적 우울증에 빠진 자는 "자기 자신 속으로 침몰하고 그 속에서 익사한다". 에로스가 없다면 사랑은 애초에 불가능하다. 에로스만이 "타자를 타자로 경험할 수 있게 하고, 이로써 주체를 나르시시즘의 지옥에서 해방시킨다."[**] 무엇보다도 사랑의 위기는 타자라는 절대성이 휘발되는 사태에서 비롯한다. 낭만적 끌림을 자극하는 타자가 없다면 사랑도 없다. 그 타자가 반드시 숲

[*] 로버트 롤런드 스미스, 앞의 책, 177쪽.
[**] 한병철, 앞의 책, 2015, 20쪽.

속의 잠든 공주이거나 백마 탄 왕자일 필요는 없다. 사실 그런 타자는 현실 속에서 없다. 우리가 사랑에 빠지는 것은 나와 다른 타자, 나의 바깥에서 존재활동을 하는 타자, 나를 매혹시켜 뇌에서 도파민이나 세로토닌 같은 '사랑 호르몬'을 활발하게 분비하도록 만드는 타자 들이다. 그런 타자들이 사라지고 있다. 사랑이 없는 사회에서는 오직 자기애, 즉 나르시시즘의 총량이 이상증식된다.

타자는 나와 다른 자, 나와 거리를 둔 채 떨어져 있는 자다. 우리는 다름이 없는 타자를 사랑하지 못한다. 타자의 이질성이 제거되면 우리는 그를 사랑하는 게 아니라 소비할 수 있을 뿐이다. 나와 타자 사이의 거리, 이것을 마르틴 부버는 "근원거리"라고 한다. 이 근원거리는 "타자성이 성립할 수 있는 초월적 전제"다.× 얼굴은 신체 중에서 타자성이 득시글거리며 번창하는 자리다. 얼굴들은 다르다. 얼굴은 저마다의 개성으로 빛난다. 이 다름이야말로 에로스의 촉매제다. 타자의 얼굴에 다름이 제거된다면 그 얼굴은 전시된 상품에 지나지 않는다. 사랑을 낳지 못하는 얼굴들. 성형한 아름다움이 매력이 없는 것은 그게 다름의 진정성을 담보하지 않기 때문이다. "자본주의는 모든 것을 소비의 대상으로 삼기 위해 도처에서 이질성을 제거한다."×× 한병철에 따르면 오늘날 자본주의 사회는 타자가 타자로 존재하는 것을 불가능하게 만드는 동일자의 지옥이다.

× 한병철, 앞의 책, 42쪽.
×× 한병철, 앞의 책, 48쪽.

: 타자 :

호모 사피엔스가 지구에 출현한 지 20만 년이 되었다. 선조들이 나타나고 20만 년이 흐른 지금-여기 시간의 기슭에서 우리는 사랑을 하고, 자식들을 낳아 기르며, 살고 있다. 뇌에 남은 가장 오래된 기억을 뒤져도 내가 어떻게 이 지구에 왔는지는 도무지 알 수가 없다. 나는 어느 날 "어머니에게 붉은 것(피, 내장, 심장)을, 아버지에게 흰 것(골수, 신경, 뇌)을, 그리고 신에게 숨결을 받"고, 홀연히 지구 생명체의 일원으로 태어난다.[×] 우리는 신에게 숨결을 받고 인류의 전 역사를 안고 태어나는 게 아니라 존재 자체가 인류의 전 역사다. 뇌와 무의식 깊은 어딘가에 바코드와 같이 인류의 전 역사를 새기고 태어난다니 어마어마한 일이다! 그다음 시간이 우리를 먹이고 재우고 더듬고 쓰다듬으며 키우고 빚어냈다. 우리는 삶이라는 기적을 시간 여행을 통해 경험한다. 다시 20만 년이 지난 뒤 또 다른 인류가 사랑을 하고 애를 낳으며 살아갈 것이다. 우리는 선조들이 그랬듯이 다음 세대에게 이 지구를 내주고 떠나야만 한다.

× 크리스티안 생제르, 『우리 모두는 시간의 여행자이다』, 홍은주 옮김, 다른세상, 2012, 41쪽.

어린 시절, 누구나 살아보지 않은 시간들, 아득히 먼 미래를 상상한다. 시간은 어김없이 우리를 미래로 데려간다. 아이들이 태어나고 자라서 어른이 된다. 먼저 난 자들은 세월과 더불어 노인이 되고 죽는다. 사람들은 시간을 초, 분, 시, 하루, 주, 달, 계절, 해 단위로 분절하고, 거기에 맞춰 크고 작은 계획을 짜고 목표를 세우며, 갈망하는 것을 얻고자 삶을 단락 지으며 살아간다. 물론 원하는 대로 살아지는 것은 아니지만 어쨌든 시간은 미정형의 것에게 형태를 부여하고, 추상의 것들을 확고한 형태로 만들어 고정시킨다. 우리는 시간을 살아내며 무엇인가 되는 것이다.

시간 속에서 음식들은 부패하고, 건물들은 낡아가며, 사람들은 늙는다. 시간은 사람의 출생에서 죽음까지, 사물과 현상, 그리고 제도, 가치, 금기, 이데올로기 들의 나타남에서 사라짐까지 함께한다. 가장 짧은 시간은 순간이고, 가장 긴 시간은 영원이다. 그러니까 우리는 순간에서 영원 사이에 걸쳐져 있다. 시간은 사건의 경과 속에서 피상성의 표피를 찢고 번뜩이며 제 존재를 드러낸다. 그것은 저 너머로 흐르면서 궤적과 흔적을 남긴다. 이미 지나간 시간, 과거가 되어 퇴적하고 지층을 이루는 시간은 화석화한다. 오지 않은 시간, 도래할 수 없는, 도래한다는 게 믿기지 않는 미래는 무한과 영원을 향해 뻗어 있다. 무한과 영원 같이 수량화하거나 계측할 수 없는 것은 촉지하거나 닿을 수 없는 시간의 추상이다.

오늘을 2016년 2월 3일이라고 하자. 지금 시각은 막 정오를 넘겼다. 추위는 누그러지고, 햇빛은 환하다. 공기는 차갑지만 기분 좋게 맑은 날이다. 걷기에 좋은 날씨다. 나는 두툼한 외투를 걸치고 나와 집 근처 카페에서 커피를 마신다. 책을 뒤적이고 느적이며 생각을 정리한다. 나는 간간이 떠오르는 착상들을 탁자의 종이에 끼적인다. 나는 집에서 카페까지 걷고, 커피를 마시며, 뭔가를 종이에 끼적이는데, 이 행위들을 위해 기꺼이 시간을 투자한다. 나는 자주 카페에서 노트북을 펼치고 자판을 두드려 무엇인가를 써나간다. 익명의 사람들이 모여드는 카페는 그런 일을 하기에 적당하다. 나는 이 행위들을 할 만큼 잉여의 활력을 갖고 있고, 시간도 충분하다. 나는 이 카페에 나와 행위와 무위 사이에서 머뭇거리고 빈둥거리며 시간을 보낸다. 시간의 호젓한 만(灣)에서 시간을 쓰는 일은 '나'를 또 다른 존재로 빚는 시간이다.

시간은 유한자원이다. 우리가 시간이라는 제약 속에 있으며, 그 제약 속에서 무엇이 되고자 하는 의지를 펼친다는 뜻이다. 시간 속에서 무수히 많은 시작과 끝, 실패와 성공을 겪으면서 삶을 빚는다. "시간은 완전함을 가늠하는 가장 큰 시험이며, 심지어는 비교적 짧은 범위에서 이상한 결과를 낳기도 하는 시험이다."[×]

× 로버트 그루딘, 『당신의 시간을 위한 철학』, 오숙은 옮김, 경당, 2015, 82쪽.

: 시간 :

시간은 가능한 것을 불가능하게, 혹은 불가능한 것을 가능한 것으로 바꾼다. 시간은 모든 것들을 부서트리고, 깨뜨리며, 쪼그라들게 한다. 그렇게 세상의 자원들을 거머쥐며 약탈하는 본색을 드러낸다. 그것은 완만하게, 혹은 매우 급박하게 흐르며, 많은 것들을 고갈, 파괴, 소멸에 이르게 한다. 모든 것들은 시간의 소실점 너머로 사라지는 운명을 피할 수가 없다. 우리는 시간을 마주하고 있으며 우리 자신의 시간이기도 하다. 우리가 죽으면 우리 시간도 따라서 사라진다.

모든 사랑은 시간과 함께 끝난다. 사물과 인간은 유한자원이고, 시간과 함께 사라지는 것에 속한다. 시간은 사물, 관계, 경험, 기억의 난폭한 파괴자다. 이 파괴를 견디고 살아남는 것은 없다. 시간의 폭풍은 이 모든 것들을 휩쓸어가 버린 뒤 무(無)와 공허를 남긴다. "인간은 누구나 사물, 타인, 체험의 마지막 증인이다. 사물과 타인과 체험은 이 최후의 증인과 함께 거부할 수 없이 사라진다. 현실 속에 잡아둘 수 있는 것이 아무것도 없지 않은가. 더는 기억되지 않는 과거는, 설혹 증거, 예를 들어 구겨진 편지가 있다고 하더라도 존재하지 않는다. 현실은 현실로부터 멀어져간다. 그렇다고 사막이 커진다고 말할 수는 없다. 옛 현실이 되돌릴 수 없이 흘러가 사라지는 곳에는 새로운 현실이 생겨나기 때문이다."× 사랑도 그것을 기억하는 사람이 없다면 존재하지 않은 것이

× 뤼디거 자프란스키, 『지루하고도 유쾌한 시간의 철학』, 김희상 옮김, 은행나무, 2016, 189쪽.

되고 만다. 시간은 사랑과 그것을 기억해줄 증인은 물론이거니와 그 기억마저 앗아간다. 시간이 흘러감과 함께 끝난 사랑은 되돌릴 수가 없다. 옛 사랑과 다시 만나 사랑을 이루는 경우가 드물지만, 이미 그는 옛 사람과 같은 사람이 아니다. 그와 새로운 사랑이 시작되었다면 그는 새 사람이다. 옛 사랑에 집착하는 것은 어리석다. 그것이 흘러가 사라지는 곳에는 새로운 사람들이 만드는 '새로운 현실'이 열리기 때문이다. 옛 사랑이 만든 기억과 상처는 오직 새로운 사랑으로만 극복될 수 있는 것도 그 때문이다.

시간은 사랑을 가로질러간다. 시간은 할 수 있음과 할 수 없음 사이에서 늘어진 것, 가능태로 작동하는데, 사랑의 경우 시간은 상수(常數)이자 변수(變數)다. 시간은 사랑의 중개자, 증인, 판관이다. 사람들은 동일한 시간대에서 만나며, 이 만남에서 사랑이 싹튼다. 시간은 두 사람의 사랑이 어떻게 진행되는지를, 그 사랑의 결말이 어디로 뻗어나가는지를 지켜보는 증인이다. 시간은 사랑에 최후 평결을 내린다. 어디 사랑뿐인가. 우리 삶과 경험은 다 시간 속에서 겪는 일이다. 시간은 존재의 안과 밖에서 존재를 그악스럽게 거머쥔 채 흐른다. 우리는 시간을 가로질러 생각하는 일에 익숙하다. 현재 시점에서 과거를 돌아보고 곧 도래할 내일의 시간을 그려보는데, 이는 과거에서 미래로 이어지는 긴 시간을 점으로 응축해서 관조하는 행위다. "시간은 승리, 패배, 성취,

불만의 전반에 걸친 거대한 아르페지오를 연주한다."ˣ 사랑의 심리, 사랑의 정조 역시 이 아르페지오 속에 섞여 울려 나온다. 그뿐만이 아니다. 사랑의 중요한 요소들, 그것이 다섯 가지든 열 가지든 이 모든 것들은 아르페지오의 안쪽에 아름다운 선율이라는 무늬를 만들고 그것을 실어 나른다.ˣˣ

티치아노의 〈신중함의 알레고리〉라는 그림은 시간을 상징화해서 보여준다. 이 그림에는 "르네상스 도상학에서 시간의 신화적 상징으로 여겨지는 머리 셋 달린 동물"이 나온다. 이 괴물에는 늑대, 사자, 개의 머리가 달려 있다. 사자의 머리는 현재를, 늑대의 머리는 과거를, 개의 머리는 미래를 상징한다. "사자는 (중략) 현재를 나타내며, 과거와 미래 사이에 있는 현재의 상태는 현재의 행동으로 인해 강하고 열의가 있다. 과거는 늑대의 머리로 표현되어 있는데, 과거에 속한 것들의 기억은 게걸스레 삼켜져 휩쓸려가기 때문이다. 그리고 주인을 기분 좋게 해주려고 있는 개의 모습은 미래의 결과를 의미하는데, 미래에 대한 희망은 비록 불확실하지만 언제나 기분 좋은 그림을 보여주기 때문이다."ˣˣˣ

시간은 어떤 사태의 외피다. 시간은 사태의 추이이고, 사건들의 열매이며, 노동과 스스로 생성하는 것들의 원자재다. 시간은 모든 것의 기원이다. 시간은 나무가 생장함에 따라 나이테를 만

× 로버트 그루딘, 앞의 책, 19쪽.
×× "사랑의 다섯 가지 중요한 요소는 욕망, 영감, 고통, 다정, 연민이다." 레오 보스만 엮음, 『사랑에 대한 모든 것』, 민영진 옮김, 흐름출판, 2014, 71쪽.
××× 에르빈 파노프스키, 『시각예술의 의미』(여기서는 로버트 그루딘, 앞의 책, 28쪽에서 재인용.)

들게 하고, 우리에게는 해마다 생물학적 나이를 더 먹게 한다. 시간이 곤경에서 구원하지는 않지만, 현재를 빚어내며, 우리를 공허에서 꺼내 현재의 의미에 머물게 한다. 우리는 그 덕택에 현재에 자신을 단단하게 붙들어 매고, 웃음과 아이러니를 느끼며, 내면을 공허가 아닌 것으로 채운다. 그러면서 사랑을 삶의 일들 중하나로 겪고, 그 경험의 토대 위에서 삶을 재발명하고 세계를 재구축한다.

불가역적 시간은 사랑의 필요조건이다. 사랑은 기다리는 시간, 연인과 함께한 일들을 반추하는 시간, 그/그녀를 인생의 참다운 의미로 빚어내는 시간이 반드시 필요하다. "나는 필사적으로 그 사람의 몸을 머리끝부터 발끝까지 떠올려보았다. 그 사람의 푸른 눈, 이마 위에서 물결치던 그 사람의 머리카락, 어깨의 곡선이 자세히 생각났다. 그 사람의 치아와 입 안의 감촉이 느껴졌고, 허벅지의 모양이며 꺼끌꺼끌하던 살갗마저 만져지는 것 같았다. 내가 그 사람을 떠올리는 행위와 촉각 사이에, 그리고 그 사람에 대한 나의 기억과 광기 사이에는 차이점이 전혀 없는 듯했다."ˣ 생에 파란을 일으키며 지나간 사랑조차 그것이 사랑의 기억/추억으로 안착하려면 흙탕물이 차츰 맑아지듯 혼란이 가라앉고 무질서가 질서로 자리 잡아야 한다. 사랑은 반추된 것으로 행위와 촉각 사이에, 기억과 광기 사이에 자리 잡는다. 그렇게 하려면 시

ˣ 아니 에르노, 『단순한 열정』, 최정수 옮김, 문학동네, 2012, 46쪽.

간이 필요한 것이다. 사랑은 그 안에 아코디언의 주름처럼 숨겨진 시간들을 품는다. 그래서 사랑의 이야기는 항상 시간의 이야기로 펼쳐진다.

사랑의 깊은 정조는 오직 죽음의 정조와만 견줄 수가 있다. 이 정조는 대상이 부재하는 순간 파동친다. 이 파동은 욕망이 일으키는 선동이다. 특히 사랑을 잃었을 때 이 파동이 우리 삶을 집어삼킨다. 마르그리트 뒤라스는 말년에 메모 형식으로 써내려간 『이게 다예요』에서 말한다. "함께 있다는 것, 그것은 사랑이고, 죽음이고, 말이고, 잠자는 것이다."× 죽음이 그렇듯이 사랑의 경험에도 다른 것으로 대체할 수 없는 절대성이 녹아 있다. 사랑과 죽음은 손바닥의 안과 밖 같은 관계다. 차라리 사랑은 죽음과 파멸을 뚫고 나오는 것이라 해야 맞다. 우리는 죽음을 뚫고 나올 만큼 강렬한 사랑을 갈망한다.

사랑에의 갈망은 타고난 본성이다. 또한 사랑이란 "좋은 것을 자기 자신 속에 영원히 간직하려는 행위, 그 자체를 대상으로 삼는 것"××이기 때문이다. 사랑은 좋은 것을 갈망함이고, 제 안에 간직하려는 열망이다. 그런데 사랑은 어렵다. 전 지구적 자본주의 시대에 사랑에 들이는 기회비용이 너무 커지고, 그리고 사랑 자체를 고갈시키는 삭막함이 전 지구로 번져간다. 분명 사랑은

× 마르그리트 뒤라스, 『이게 다예요』, 고종석 옮김, 문학동네, 1996, 14쪽.
×× 플라톤, 『향연 : 사랑에 관하여』, 박희영 옮김, 문학과지성사, 2003

희귀한 것이 되었다. 사랑의 노래들은 흔하고, 사랑의 이야기를 담은 드라마나 영화나 소설들은 과잉으로 넘쳐나지만, 진짜 사랑은 찾아보기 힘들다. 사랑하는 사람은 사랑을 "낭비의 경제 체제 안으로" 위치시키기 때문이다.[x] 사랑의 충일은 낭비의 경제 제체 안에서만 가능하다. 사랑하는 사람에게 감정의 낭비, 재능의 낭비, 시간의 낭비는 불가피하다. 베르테르에게서 볼 수 있듯이 사랑이 낭비인 것은 '아무것도 아닌 것을 위하여' 그것을 아낌없이 쓰는 탓이다. "소비는 무한대로 열려 있으며, 힘은 목표물 없이 표류한다."[xx] 모든 것을 소비의 대상으로 삼아버리는 오늘의 사회에서 사랑은 낭비의 경제 체제 안에서 겪어낼 수 있는 시간 경험인 것이다.

[x] 롤랑 바르트, 『사랑의 단상』, 김희영 옮김, 동문선, 2004, 127쪽.
[xx] 롤랑 바르트, 앞의 책, 129쪽.

To be alone	————————————————————	혼자
Loving someone	—————————————	누군가를 사랑한다는 것
Romance	————————————————————	로맨스
Vulgarization	—————————————————	속화
The others	—————————————————	타자
Time	————————————————	시간
Craziness	————————————————	**광기**

사랑은 존재-사건이다. 이 존재-사건은 대체로 우연한 만남에서 시작한다. 모든 만남이 사랑을 촉발시키는 것은 아니지만 만남 없이 시작하는 사랑은 없다. 만남은 우연의 외양을 하고 있다. 오다가다 스치면서 한 존재가 다른 존재에 의해 발견되는 것이 만남이다. 만남에는 장소들이 있다. 그곳은 거리거나 극장이거나 기차역이거나 공항이거나 바닷가이거나 산이거나 어떤 고장이다. 사랑은 베니스, 파리, 베를린, 프라하, 시드니, 헬싱키, 뉴욕, 서울, 부산 같은 도시에서 드물지 않게 일어난다. 사람은 항상 시간과 더불어 장소에 귀속하는 존재다. 어떤 장소 없이 사람은 실존할 수가 없고, 따라서 모든 사람의 인연과 만남은 구체적이고 실제적인 장소에서 이루어진다. 사람은 장소에서 태어나 살고, 사랑하다 죽는다. 사랑은 어떤 곳도 아닌 장소의 특별함에서 겪는 사건이다. 개별적 장소의 특별함은 그곳에서 사랑이란 사건이 일어났기 때문에 생기는 특성이다. 사랑의 망설임, 실패의 가능성, 무모한 시도, 크고 작은 시련들은 상존한다. 누군가는 쉽게 포기하고 누군가는 그 수고를 기꺼이 떠맡을 만큼 용기를 낸다. 사랑은 진화의 궁극적인 목적을 위해 설계된 유전자의 프로그램이다. 사랑을 위해서는 반드시 그것을 쥐려는 열망과 함께 행동해야 한다. 사랑은 사랑을 붙잡으려고 실패에 대한 두려움을 떨치고 일어난 용기의 결과다. 누군가에게 이끌릴 때 다가가서 말을 붙이고 자기 마음을 상대에게 전달하려고 시도해야 한다.

불행은 이미 겪어본 사람에게는 같은 것의 반복이지만 그렇지 않은 사람에게는 큰 시련이다. 사랑에 대해서도 이렇게 말할 수 있다. 가장 커다란 사랑은 사랑을 겪어본 적이 없는 자의 사랑이다. 사랑스러운 대상은 사랑스럽다는 선언으로 성화(聖化)되는데, 이때 사랑스러움, 즉 사랑의 성화는 실재가 아니라 그것의 가장자리에서 바글거리는 환상이고 상상이다. 나는 타자의 바깥에 있다. 사랑은 바라봄에서 시작한다. 나는 누군가를 보고, 타인도 나를 본다. 나는 타자를 보면서 타자가 거기에 있도록 발명한다. 이 봄-보여짐의 관계에서 우리는 서로를 알아본다. 알아본다는 것은 바로 상대를 발명하는 행위다. 나는 타자의 눈에 비친 타자다. 타자는 '나'를 타자로서 알아본다. 누군가가 나를 집요하게 바라보면 그 시선이 불편하다. 타자의 시선은 나를 그냥 바라보는 게 아니라 나를 훔친다. 타자[시선-주체]는 보여지는 대상을 전유한다. "단순히 보여진다는 사실만으로 나는 단숨에 응결되고, 오그라들고, 본질을 박탈당한다."ˣ 우리 눈꺼풀 위에 에로스가 손을 얹어 눈꺼풀을 닫는다. 사랑에 빠진 사람은 사랑하는 대상을 눈뜨지 않고 볼 수 있다. 감긴 눈이 그/그녀를 바라본다. 사랑은 대상의 장악이 아니라 대상을 바라보는 시선의 마술이다. 시선이 대상을 삼키는데 그 삼킴의 자리에서 환상과 상상이 증식한다.

사랑은 불면, 불안, 광기를 동반한다. 사랑하는 자들은 잠 못 드는 밤, 감정에 균열을 불러오는 불안, 느닷없는 광기를 겪는다. 특히 광기는 사랑의 이름으로 포장되는 격렬함이고, 자기모순과 폭력으로 표현되는 과잉 열정이다. 그것은 나태와 의욕상실에 대조되는 정념의 이상한 과잉이다. 나태가 "대상으로부터의 도주일 뿐만 아니라 대상을 향한 도주"ˣˣ라면, 광기는 그 두 가지의 도주에서 좌절한 자의 분노에서 솟구친다. 광기는 의도에 대한 불안 반응이거나 욕망하는 것을 욕망하지 못함이라는 이상한 모순에서 파열하듯이 출현한다.

사랑은 전혀 고요하거나 평화스럽지 않다. 사랑은 소란이고 광란이며 전쟁이다. 사랑은 달콤하기만 한 것이 아니라 고독한 시련이다. 왜 사랑이 소란스러운가에 대해 알랭 바디우는 이렇게 말한다. "사랑의 절차는 난폭한 물음, 견디기 힘든 고통, 우리

ˣ 알랭 핑켈크로트, 『사랑의 지혜』, 권유현 옮김, 동문선, 1998, 21쪽.
ˣˣ 조르조 아감벤, 『행간』, 윤병언 옮김, 자음과모음, 2015, 39쪽.

: 광기 :

가 극복하거나 극복하지 못하는 이별 따위를 동반"한다고.[×] 사랑은 기필코 이별과 종말을 낳는다. 사랑은 그 내부에 모순과 폭력을 내장하고 있고, 크고 작은 사건들을 일으키며, 심지어는 자해, 자살, 살인으로 이어지기도 한다. 열정에 사로잡힌 사랑은 합리적인 이성을 배제한 채 '미치도록' 하는 사랑이다. 사랑에 빠진다는 것은 얼이 빠진 상태, 경미한 뇌진탕의 상태와 비슷하다. 사랑은 폭풍 같이 몰아치는 감정의 과도함에서 치러지는 일이다. 사랑이 여의치 않을 때 감정의 과도함에 휩싸여 비이성적 행동을 하는 것은 드문 일이 아니다. "열정에 사로잡힌 사람들의 분노는 유별나다. 이성이 언제나 다른 곳에 가 있기 때문에."[××] 질투에 사로잡혀 이성이 잠든 사람의 행동은 예측하기 어렵다. 더 이상 제 사랑을 지탱하는 게 불가능하다고 여겨지면 '자기 파괴'라는 극단적인 선택을 하기도 한다. 이래저래 사랑은 소란이거나 광란이거나!

사랑은 인생에서 겪는 가장 중대한 사건 중 하나다. "의심, 미망, 연극적 요소가 잠재되어 있음에도 사랑에 빠지는 것은 분명히 인생에서 가장 중대한 사건이다."[×××] 사랑에 빠지면 마음에 혼란의 소용돌이가 일고, 일상의 질서와 시간들이 뒤틀린다. 더러는 인생에서 중요한 선택에서 가장 어리석고 엉뚱한 선택을 할 수도 있다. 그런 맥락에서 사랑은 미증유의 혼란과 무질서의

× 알랭 바디우, 『사랑 예찬』, 조재룡 옮김, 길, 2010, 71쪽.
×× 앙드레 기고, 『사랑의 철학』, 김병욱 옮김, 개마고원, 2008, 31쪽.
××× 로버트 롤런드 스미스, 『이토록 철학적인 순간』, 남경태 옮김, 웅진지식하우스, 2014, 174쪽.

원인이다. 사랑은 현대 세계의 근본주의의 토대를 이룬다. 사람들은 여전히 사랑을 갈망하고, 사랑의 짝을 찾으려고 애쓴다. 이 삭막한 세계에서 사랑을 일종의 구원으로 여기기 때문이다. 더러는 사랑은 무신론자의 종교가 되기도 한다. "사랑은 종교 이후의 종교이며, 모든 믿음의 종말 이후의 궁극적인 믿음이다."[×] 이 종교의 신도들은 그것이 많은 함정과 수렁을 숨기고 있음을 알면서도 막무가내로 몸을 던진다. 이 몸 던짐이야말로 사랑의 속성을 잘 보여준다. 사랑은 개인적 안정성을 허물어뜨린다. 사랑에 빠진 자들은 자발적으로 위기 속으로 들어간다.

사랑하는 사람과 만나는 일이 즐겁고 흥분되는 것은 이것이 축제인 까닭이다. "사랑하는 사람은 사랑하는 이와의 만남을 축제로 체험한다."[××] 이 만남은 맛있는 식사, 즐거운 담소, 쾌락의 약속이다. 사랑하는 이들은 서로에게 서로를 무상적으로 헌납한다. 그 헌납은 살과 살의 맞댐, 포옹과 키스, 애무 등등으로 이루어진다. 서로 몸을 스치고, 더듬고, 간지럽히며 보내는 시간들이 이어진다. 연인들은 까르륵거리며 웃고 찬탄하며 아이 같은 순진함으로 물든다. 여기에는 미묘한 것의 혼합이 끼어든다. 즉 어린 아이의 욕망과 어른이 욕망이 그것이다. "유아적인 포옹 한가운데서도 생식기적인 것은 어쩔 수 없이 솟아올라, 근친상간적인 포옹의 그 분산된 관능을 차단한다. 그러면 욕망의 논리가 다시

× 울리히 벡·엘리자베트 벡 게른스하임, 『사랑은 지독한, 그러나 너무나 정상적인 혼란』, 강수영·권기돈·배은경 옮김, 새물결, 1999, 41쪽.
×× 롤랑 바르트, 『사랑의 단상』, 김희영 옮김, 동문선, 2004, 172쪽.

: 광기 :

작동하고, 소유의 의지가 되돌아오며, 어른이 아이 위에 이중 인쇄된다."ˣ 아무것도 모르는(혹은 모른 척하는), 호기심의 존재인 아이는 저 아래로 숨고, 그 위로 불쑥 욕망의 존재인 어른이 나타난다. 서로에게 서로를 바치는 헌납의 최종적인 의식은 성교인데, 아이는 성교를 치르기에 적합지 않은 까닭이다. 그러니 성교에 이르기 위해서는 어른이 나타날 때까지의 기다림이 필요하다. 성교는 종종 미루어진다.

어쨌든 연인과 함께하는 시간은 오감을 충족시키는 향연이요, 설레며 기다리는 축제다. "축제란 기다려지는 것이다. 그의 약속된 현전으로부터 내가 기다려지는 것은 어떤 엄청난 즐거움의 총체요, 향연이다. 어머니의 모습을 보기만 해도 그것이 완전한 충족을 예고하고 의미하여 함박웃음을 터뜨리는 어린아이처럼 나는 마냥 기뻐한다. 나는 내 앞에 나를 위해 '온갖 선의 근원을' 가지려 한다."ˣˣ 롤랑 바르트는 사랑이 '즐거움의 총체요, 향연'이라고 말한다. 사랑은 떨림, 설렘, 기대로 이루어진다. 다양한 사람, 다양한 것을 향하여 있던 관심과 사랑은 하나의 대상에 집중된다. 한 사람을 어여쁘게 여기고, 그를 기쁘게 하는 일을 하려고 한다. 연인의 단점은 축소하고 좋은 점은 과장한다. 사랑에 빠지려면 연인의 이상화라는 과정을 거쳐야 하기 때문이다. 이상화는 과도한 가치 부여 행위다. 이 행위에서 사실 여부는 아무 상관

ˣ 롤랑 바르트, 앞의 책, 154쪽.
ˣˣ 롤랑 바르트, 앞의 책, 172쪽.

이 없다. 진실을 말하자면 사랑은 "전략적인 상호 기만에 의존"하고,[×] 그래서 사랑은 종종 미침이고, 광기가 번뜩이는 상태로 나타난다. 그것은 욕망의 과도함과 갈망의 대담함이 빚는 현실과의 불협화 결과다. 사랑에 빠진 자들은 종종 자신이 미쳐가고 있다는 생각에 사로잡힐 수도 있다. 하지만 사랑하는 사람은 정말로 미친 게 아니다. '미쳤거나 미쳐가고 있다는 생각'에 사로잡힐 뿐이다. 미친 것 같은 과도한 열정이나 정신착란에 가까운 과잉 정신에 들리지 않는다면 사랑은 사랑으로 발화되지 않는다. 사랑이 제 앞에 가로놓인 절대적 시련을 극복하기 위해서 이런 과잉 상태는 불가결한 요청이다. 연인들은 진짜 미친 게 아니라 광인이라는 제 배역에 사로잡혀 연기를 한다.

× 로버트 롤런드 스미스, 앞의 책, 176쪽.

To be alone	혼자
Loving someone	누군가를 사랑한다는 것
Romance	로맨스
Vulgarization	속화
The others	타자
Time	시간
Craziness	광기
Excessiveness	**과도함**

밥을 먹고 커피를 마시며, 햇볕을 쬐며 걷는다. 날마다 사과 하나씩을 깨물어 먹고, 하루 8시간씩 읽고 쓰는 일을 한다. 신문을 읽고 인터넷을 들여다보며, 더러는 사람들을 만난다. 그 사이 소파에서 빈둥거리며 쉬기도 하고, 밤에는 베개에 무거운 머리를 얹고 잔다. 기차를 타거나 비행기를 타고 멀리 여행을 떠난다. 이 모든 것, 먹고, 걷고, 쉬고, 자고, 읽고, 쓰는 행위의 총체가 나 자신이다. 일체의 노동과 수고, 잠과 휴식들에는 불가피하게 내 의지, 욕구, 갈망이 깃든다. 이것들이 내 존재함을 떠받치는 기본 토대다. 존재함은 그 자체로 나의 살아 있음, 그 능력을 드러낸다. 스피노자의 『에티카』에 나오는 "존재할 수 없는 것은 무능력이고, 반대로 존재할 수 있는 것은 능력"이라는 명제에 따른다면 말이다. 개나 늑대가 아니라 사람으로 존재하는 것은 이 활동들이 품은 정념들이 우리 삶의 양태를 빚어내기 때문이다. 하지만 산다는 건 이게 다가 아니다. 뭔가가 더 필요하다. 지금보다 더 잘살기 위해 사랑에의 욕동이 필요하고, 이것의 윤리학과 관계학에

: 과도함 :

대한 숙고와 통찰이 필요하다. 내게도 사랑이 필요해! 왜냐하면 나는 이렇게 생생하게 살아 있으니까!

사랑은 무엇보다도 갈망함이고, 미치도록 좋아함이다. 이 갈망과 좋아함은 무한과 유한 사이에 걸쳐져 있다. 앞서 사랑에서 타자를 갈망함은 절대 조건이라고 말한 바 있다. 저기 타자가 온다. 내가 그를 사랑한다면, 나는 그것에 기대어 내 욕구들, 꿈과 의지를 펼쳐낼 것이다. 사랑하는 이들은 함께 밥 먹고 잠자며, 기꺼이 애무와 쾌락의 즐거움을 나눈다. 감정적인 것과 육체적인 것들을 함께 나누고, 운명이라는 무거운 짐, 심지어는 죽음까지도 나누려 한다. 사랑은 본질에서 타자와의 협업이고, 성애와 향락의 일, "둘의 무대"에서 펼치는 관계의 정치학이다. 사랑하느냐 마느냐 하는 건 선택의 문제가 아니다. 사랑을 하지 않을 때 그 부재와 공허 속에서 사랑이 오기를 기다린다. 사랑을 할 때 나는 그 사랑 안에 있지 않다. 사랑은 현재의 일이 아니라 도래해야 할 것이다. 견뎌야 할 공허는 여전하고, 외로움이 사라지지 않는다는 게 그 증거다. 사랑을 할 때거나 사랑을 하지 않을 때거나 나는 사랑의 부재와 고갈에 허덕이며 사랑을 기다린다.

사랑은 대상을 향한 갈망이고, 갈망이 불러오는 혼돈이자 모호함이며, 대상을 집어삼키려는 욕망이 낳은 토막극이다. 낭만주의적 연애소설들은 사랑에 대해 이렇게 말한다. "사랑은 간절한 바람, 아무것도 먹을 수 없는 상태, 어떤 열병과도 같은 것, 끝없는 성적 판타지, 그리고 무엇보다 사랑하는 사람이 유일무이하게 타당하고 소중한 존재라는 인식에서 비롯된 느낌을 뜻했다."× 사랑은 우선 대상의 유일무이함에 대한 인정에서 시작한다. 그/그녀는 어디에도 없는 유일한 존재다. 사랑하는 사람이 사랑하는 것은 그 존재의 유일무이함이다. 사랑은 그 유일무이함에 들러붙어 바글거리는 과잉의 욕망이다. 그 욕망은 항상 과도함에서 시작해서 과도함에서 끝난다. 사랑을 시작하는 동기가 나중에는 사랑을 파탄내는 원인이 된다. 이 과도함에는 한계란 게 존재하지 않는다.

사랑은 과도함에서 시작된다. 어떤 사람은 이 과도함을 '열정'이라고 바꾸고 싶어 할 테다. 이 과도함에는 자기 한계가 없다. 한계가 없는 사랑의 한계는 오직 시간에 의해서만 온다. "사랑은 반드시 끝나기 마련이다. 게다가 아름다움보다 더 빨리, 따라서 자연보다 더 빨리 끝난다. 사랑의 끝은 우주론적 종말에 속하는 것이 아니라 사랑 자신에 의해 조건 지어진다. 사랑은 짧은 시간 동안만 지속되며, 그 끝은 다른 모든 한계가 없다는 점을 상쇄시켜버린다. 사랑의 본질 자체, 즉 과도함이 바로 그 종말의 근거이다."×× 사랑의 시작, 그 촉매가 된 과도함이 다시 사랑을 무너뜨

× 알랭 드 보통, 『사랑의 기초: 한 남자』, 우달임 옮김, 문학동네, 2012, 14쪽.
×× 니클라스 루만, 『열정으로서의 사랑』, 정성훈·권기돈·조형준 옮김, 새물결, 2009, 111쪽.

: 과도함 :

리는 성분이 된다는 뜻이다. 많은 사람들이 망각했거나 인정하고 싶어하지 않지만 사랑은 시작하는 순간부터 종말을 향해 치닫는다. 사람이 가진 유한성이라는 한계로 인해 사랑의 영원성을 담보할 수가 없는 것이다.

니클라스 루만은 우발적 사건으로 시작하는 사랑에는 자기 제한이 없다고 말한다. 그렇기 때문에 사랑 안에서 충동, 욕망, 요구는 사랑이라는 자양분을 취하면서 끝없이 자라난다. 사랑이 놀라운 결과를 나타내는 것은 그것의 무제한성 때문이고, 사랑이 끝나는 계기가 되는 것도 그것의 비합리성이 초래한 무리함 때문이다. 사랑의 촉매제가 되었던 것이 사랑의 종말을 가져오는 아이러니라니!

어떤 사랑은 믿기 어려운 기적을 낳는다. 기적의 본질은 신의 은총이 아니라 사랑이 품은 도저한 욕망의 과도함이 불러오는 비합리적인 결과다. 기적은 반복되지 않는다. 사랑은 과도함에서 시작하고, 과도함에서 종말을 맞는다. 사랑의 불꽃을 지속시키는 것은 사랑을 방해하는 장애물들이다. 사랑의 욕망은 충족된 뒤 밋밋한 습관으로 전락한다. 밋밋한 습관으로 전락하지 않기 위해서는 사랑의 충족을 지연시켜야만 한다. 충족을 한없이 지연시키는 저항, 우회, 방해는 사랑의 지속성을 보장하는 촉매제들이다.

로미오와 줄리엣의 사랑이 죽음을 마다하지 않을 만큼 타오르는 것은 두 가문의 극렬한 반대 때문이다. 사랑을 훼방놓는 것들이 사랑을 더욱 뜨겁게 불타오르게 만든다.

　사랑을 끌어가는 것이 욕망-본능이라면, 결혼을 끌어가는 것은 현실-제도다. 사랑과 결혼은 동일 범주로 묶일 수가 없다. 사랑과 결혼의 괴리를 보여주면서, 사랑의 과도함이 어떻게 삶을 삼켜버리는지를 말하는 소설이 톨스토이의 『안나 카레니나』다. 이 소설은 애정 문제, 그중에서도 불륜 이야기를 담은 통속 드라마다. 젊은 장교 브론스키를 만나 사랑에 빠진 안나에게 남편 카레닌은 이렇게 경고한다. "우리들의 삶은 사람의 손으로 맺어진 것이 아니고 하느님에 의해서 맺어진 것이니까 말이오. 이 결합을 부술 수 있는 것은 오직 죄악뿐이고, 그런 종류의 죄악 뒤엔 반드시 벌이 따르게 마련인 거요." 이 말은 공적인 결혼-제도가 그것 바깥에서 이루어지는 사적-사랑을 '죄악'이라고 단정하는 것이다. 안나는 '명예로운 이름'을 잃는 것에 자책을 하며 괴로워하지만 사랑을 멈추지는 못한다. 이미 사랑의 과도함에 들린 상태이기 때문이다. "아아, 만약 내가 그저 그이의 애무만을 열망하는 연인 이외의 다른 무언가가 될 수 있다면 좋을지 모르겠지만, 나는 다른 무언가가 될 수도 없고 또 되려고도 하지 않는다." 사랑은 과도함에 의해서만 유지된다. 안나는 마치 굶주린 사람 같이 이 과도함에 의지해 제 사랑을 "열정적이고 이기적"인 것으로 끌어간다. 그러나 안나가 선택할 수 있는 길은 한정된다. 안나는 브론스키에 집착하며 매달리지만 브론스키의 마음은 식어버렸다. 결국 심신이 쇠약해지면서 안나는 달려오는 기차에 뛰어들어 생을 마친다. 사랑의 과도함은 능동성으로서의 과도함, 의지의 착란으로서의 과도함, 넘치는 욕망으로서의 과도함이다! 과도함은 사랑을 키우는 성분이다. 이 과도함이 사랑의 주체를 덮쳐 범람하면서 인생의 공허함을 채운다. 사랑이 충만한 행복을 주는 것은 이 과도함의 효과지만 이 과도함은 제 중력을 이기지 못해 과도함에 의해 만들어진 모든 것을 무너뜨린다.

To be alone		혼자
Loving someone		누군가를 사랑한다는 것
Romance		로맨스
Vulgarization		속화
The others		타자
Time		시간
Craziness		광기
Excessiveness		과도함
Face		**얼굴**

타자의 아름다움에 매혹당하는 것은 자연스럽다. 빼어나게 아름다운 외모는 눈에 띄고 더 쉽게 사랑을 얻는 듯하다. 의심할 여지없이 아름다움은 누구에게나 찬미의 대상이지만 사랑의 충분조건인 것은 아니다. 아름다움은 사랑이 안착하기도 전에 곧 휘발되고 사라진다. "사랑에 빠진 사람은 형태의 완전성을 구가하지만, 그는 그것의 덧없음부터 깨닫게 된다."× 아름다움은 항구적이지 않고 불안정하다. 눈길을 끌었던 아름다운 얼굴, 눈길을 떼지 못하게 만들던 그 얼굴은 쉽게 변한다. 그것은 갑자기 함몰하고, 예고 없이 사라진다. 사랑은 아름다움에서 번성하는 게 아니다. 결국 우리가 사랑하는 것은 도망가지 않은 얼굴들, 붙잡힌 얼굴들이다. "사랑받는 얼굴은 아름답지도 숭고하지도 않다."××

사랑에 빠진 사람에게서 맨 처음 본 것은 얼굴이다. 우리를 사랑에 빠뜨리게 만든 것은 얼굴이다. 첫 대면에서 얼굴-바라보기는 여자보다는 남자가 더 능동적인 자세를 보인다. 남자는 뻔

× 알랭 핑켈크로트, 『사랑의 지혜』, 권유현 옮김, 동문선, 1998, 54쪽.
×× 알랭 핑켈크로트, 앞의 책, 54쪽.

: 얼굴 :

뻔하다 싶을 정도로 드러내놓고 여자의 얼굴을 본다. 얼굴-바라보기를 수행하는 것은 시각이다. 반면 얼굴-쓰다듬기는 손에 의해서 이루어진다. 시각은 먼 거리에서도 작동한다. 만짐이나 애무는 가까운 거리에서만 가능한 촉각적 행위다. "시각이 거리 둠의 감각이라면 만짐이나 애무는 청각과 마찬가지로 가까움의 감각이다."ˣ 본다는 행위는 바라봄의 대상을 전유(專有)하려는 무의식의 욕망에서 나타난다. 남자가 더 뻔뻔하게 상대의 얼굴을 더 오래 유심히 바라보는 것은 남성적인 것의 특권화와 관련이 있다. "시각이나 바라보기가 남성적인 것을 특권화할 뿐만 아니라 다른 감각의 희생 위에서 시각만을 강조하는 것으로서 몸의 물체성과 신체적 관계를 빈곤하게 한다."ˣˣ 남자가 시각적인 것에 더 민감한 반면 여자는 청각적인 것과 촉각적인 것, 즉 '가까움의 감각'에 훨씬 더 민감하게 반응한다. 많은 여자들이 얼굴보다는 매력적인 목소리에 더 호감을 느끼는 게 그 증거다.

남자들은 여자의 얼굴에 반하는데, 이 반함은 자기 환상에의 매혹 탓이다. 사랑받는 얼굴은 단 한 번의 예외도 없이 타자의 환상을 선취한다. 사랑이라는 자양분을 취하면서 자라는 것은 타자의 얼굴이다. 얼굴은 사랑의 빌미를 제공한다. 사랑에는 환상이 개입하는데, 자기 환상은 일종의 거울놀이다. 환상에 현실을 비춰 보임으로써 현실 다르게 보기가 이루어진다. 어제의 현실과

ˣ 정화열, 『몸의 정치』, 박현모 옮김, 민음사, 1999, 24쪽.
ˣˣ 정화열, 앞의 책, 24쪽.

오늘의 현실은 다르다. "사랑이 환상이라는 사실을 깨닫는 순간, 그 깨달음은 환상이 아니면서 동시에 환상이다."ˣ 사랑은 현실을 '있는 그대로의 세계'가 아니라 '있어야 할 세계'로 바꾼다. 사랑만큼 환상이 위력을 발휘하는 것은 없다. 사랑이 만든 그 눈부신 탈바꿈 앞에서 우리는 감탄하며 꿈꾸듯 세계를 본다. 사랑에 빠진 자는 비루한 현실조차 아름다운 것으로 윤색한다. 사랑이 만든 착시 속에서 그것이 달라졌다고 믿어버리기 때문이다. 사랑하는 자의 눈에는 세상의 풍경이 몽환적으로 보이는 것이다. 물론 그것은 사랑의 호르몬이 일시적으로 작용하며 만든 감각의 조작, 혹은 끔찍한 속임수에 지나지 않는다. 현실은 사랑에 빠지기 전이나 후가 다르지 않은데, 그것이 아름답고 신비하게 보이는 것은 보는 자의 내면 감각이 달라졌기 때문이다.

사람들은 사회화되는 과정에서 공동체의 일원으로 참여하면서 부득이 제 얼굴을 만든다. 상호 소통을 하고, 관계를 만드는 데 얼굴이 필요하다. 얼굴은 존재를 매개한다. 말하고, 약속하고, 명령하는 얼굴은 바로 그 말, 약속, 명령으로 자기를 드러낸다. 명령하는 얼굴은 그 명령 아래에 있는 자를 노예화한다. 명령은 자발성의 경직을 가져온다. 명령을 듣기도 전에 얼어붙고 스스로 피동화하는 자들! 명령은 상대를 길들이고, 그 학습 효과를 낳는다. 같은 얼굴이 말, 약속, 명령을 철회하는데, 명령의 철회는 명

ˣ 이성복, 『프루스트와 지드에서의 사랑이라는 환상』, 문학과지성사, 2004, 106쪽.

: 얼굴 :

령과 똑같은 효과를 낸다. 왜냐하면 얼굴은 철회하면서 그 철회를 피동적으로 받아들이는 자들에게 권력임을 되새기기 때문이다. 얼굴은 명령하는 권력일 뿐만 아니라 일방적으로 철회하는 권력이다.

얼굴은 "흰 벽, 검은 구멍"이고, "잉여성" 그 자체다.[×] 얼굴은 넓은 표면, 즉 이마와 볼, 그리고 구멍인 눈, 코, 입으로 구성된다. 얼굴은 표면이다. 이것은 신체의 표면이되, 신체라는 유기체의 지층에서 달아나며 탈영토화한다. 얼굴은 신체로 환원되지 않는, 차라리 욕망과 무의식이 출몰하는 기호의 표면이다. "얼굴은, 최소한 구체적인 얼굴은 흰 벽 위에 어렴풋이 그려지기 시작한다. 그것은 검은 구멍 안에서 어렴풋이 나타나기 시작한다." 우리는 얼굴을 보지만 바로 보았다고 할 수 없다. 왜냐하면 얼굴은 항상 변화무쌍하기 때문이다. 얼굴은 우리가 안면화하는 것 안에서 발견된다. "다른 한편 얼굴은 지도다." 얼굴은 하나의 다양체. 지도가 그렇듯이 얼굴은 수많은 선들을 포함한다. 다시 말해 여러 갈래로 이어진 길들과 경유하는 지점들로 이루어진다. 지도를 읽는 법이 있듯이 얼굴도 읽는 법이 따로 있다.

얼굴은 고귀함과 거의 신적인 무한을 갖고 있는가 하면, 또 다른 측면에서 벌거벗음, 추악함, 속됨을 노출한다. 얼굴은 보이

[×] 질 들뢰즈·펠릭스 가타리, 『천 개의 고원』, 김재인 옮김, 새물결, 2001

지 않는 것, 즉 몸-없음 속에 자신을 감춘 신과 신성성의 계시이면서 가장 몸-됨의 욕망이 분출하는 더럽고 속된 것, 즉 타락한 인간성의 폭로다. 얼굴은 예의 바름과 무례함, 고귀함과 속됨, 천사와 악마의 모습을 띠고 나타난다. 이렇게 양가적인 속성을 지닌 얼굴이 보여주는 현란한 변신은 현기증을 느낄 만하다. 얼굴의 벌거벗음, 이 육체적인 것의 적나라함 속에서 신적인 고결함이 비친다는 것은 놀라운 일이다. "얼굴은 빛이 드러난 외관이며 그것이 지나가는 통로 또는 지나간 흔적으로서 얼굴은 일반적인 빛의 이미지가 아니라 빛의 원초적 형태다."ˣ 빛을 받으며 환하게 웃고 있는 얼굴은 타자성의 눈부심을 드러낸다. 얼굴은 '나'의 바깥에 존재하는 타자에게 타자화되는 자기 동일성의 지속이자 그 전부다. 얼굴은 더도 덜도 아닌 타자성의 기표다. 얼굴이 없다면 그 사람은 그 누구도 아닌, 인격의 고유성이 부재하는 사물에 지나지 않을 것이다. 사람은 다른 얼굴로 차이의 존재성을 부여받고, 타자가 갈망하는 것의 기표로 거듭난다.

서른 몇 해 전, 사랑이 갑자기 왔을 때 내 앞에 나타난 '얼굴'을 생생하게 기억한다. 마치 등불을 켠 듯 얼굴에서 빛이 흘러나와 주변을 환하게 물들이는 걸 몽환 상태에서 바라보면서 심장이 얼어붙는 듯했다. 눈을 의심할 만큼 이상하고 불가해한 빛이었다. 무르고 미숙한 영혼이 그 수수께끼 같은 빛이 흘러나오는

ˣ 윤대선, 『레비나스의 타자 철학』, 문예출판사, 2009, 296쪽.

: 얼굴 :

얼굴에서 눈을 떼지 못한 채 빠져든 것은 당연하다. 나는 오랫동안 그 환영에서 벗어나지 못한 채 방황했다. 사랑하는 자들은 언제 어디서나 방황한다. 사랑에 빠진 자는 은유를 빌려 말한다면 '방랑하는 화란인'이다. '방랑하는 화란인'은 평생 고향으로 귀환하지 못한 채 유령의 배를 타고 바다를 떠돈다. 내면 깊은 곳에 저주의 낙인이 찍힌 자들은 이리저리 떠도는 운명을 선고받는다. 롤랑 바르트 역시 '방황'이 사랑의 한 본질 성분임을 밝혀 말한다. "비록 모든 사랑이 유일한 것으로 체험되며, 또 사랑하는 사람이 먼 훗날 다른 곳에서 사랑을 반복하리라는 생각을 거부한다 할지라도, 그는 때로 마음속에서 사랑의 욕망이 확산되어 가는 것을 보며 놀란다. 그러면 그는 자신이 이 사랑에서 저 사랑으로 죽을 때까지 방황하도록 선고받았음을 알게 된다."[×] 평생 단 한 번 오는 사랑에 빠졌을 때, 내가 본 것은 무엇이었을까. 그 얼굴에서 본 것은 타자가 내면에 감추고 있던 초월성, 내재적인 질서, 내 것이 아닌 내 것일 수 없는 영원히 여성적인 것의 신비, 바깥으로 현시된 아름다움, 아니 그보다 내게로 뻗어오는 절대적 선의, 넘치는 친밀성과 환대가 아니었을까. 나는 깊이 안도하면서, 속으로는 존재를 엄습하는 알 수 없는 무서움에 몹시 떨었다. 쇄빙선같이 내 안의 단단한 얼음들, 절대 고독과 헐벗음 따위를 깨며 나아간 그 무엇에 대한 신비를, 그때의 무서움이 무엇이었는지를, 나는 아직도 그 수수께끼를 풀지 못한 채 살아간다.

× 롤랑 바르트, 『사랑의 단상』, 김희영 옮김, 동문선, 2004, 149쪽.

레비나스 연구자인 윤대선은 "얼굴은 초월적인 것을 비추는 장소이며 여기에는 윤리적으로 주체를 강요시키는 내재적인 질서가 존재한다. 동시에 타자의 얼굴은 무한성을 외부적으로 표현하는 근본적인 내재성(immanence radicale)의 존재방식을 보여준다. (중략) 따라서 타자의 얼굴들에는 이미 내재적인 질서 또는 윤리적인 명령이 존재한다"고 말한다.[×] 종종 어떤 얼굴들은 우리를 사로잡는다. 우리는 그 얼굴과 함께 사랑에 빠진다. 에로스가 "타자의 타자성이 처음으로 순수한 형태로 나타나는 상황"[××]이라면, 서른 몇 해 전 내 존재를 덮으며 강림한 것은 에로스였다. 그 에로스가 열어준 것은 단 한 사람에게로 향하는 입구다. 나는 주저하지 않고 그 입구로, 도무지 알 수 없는 미래의 가능성 속으로 걸어 들어갔다. 그 '얼굴'을 죽을 만큼 갈망했지만 나는 그게 가질 수 없는 무한임을 깨달으며 당혹감에 빠졌다. 사랑의 형이상학 속에서 그 '얼굴'은 누군가에게 소유될 수도 없고, 다른 무엇이 될 수도 없는 것이다. "얼굴의 비환원성에 대한 각성, 이것은 사랑이 줄 수 있는 황홀한 꿈이다."[×××] 우리에게 허락되는 것은 황홀한 꿈에서 깨지 않은 채 맞는 그 '얼굴'에 대한 환대다.

얼굴은 현존의 표면이고, 표면의 현존이다. 그것은 심층을 숨긴 채 가시적 표면으로 드러난 것이고, 이 표출과 동시에 타자가 나타난다. 레비나스라면 얼굴은 타자가 아니라 그것이 나타나는 방식 그 자체라고 말할 것이다. "'내 안에 있는 타자의 관념'을 뛰

× 윤대선, 앞의 책, 299쪽.
×× 알렝 핑켈크로트, 앞의 책, 75쪽.
××× 알렝 핑켈크로트, 앞의 책, 92쪽.

어넘어 타자가 나타나는 방식, 우리는 그것을 얼굴이라고 부른다."× 얼굴은 타자가 아니라 타자의 심연이다. 이 심연은 드러나면서 숨는다. 왜냐하면 얼굴이 무수히 많은 타자를 연기하기 때문이다. "진짜 얼굴은 과일 속에 숨은 벌레이며, 부정의 핵심에 숨은 영원한 자백이므로 일체의 항소 가능성을 사전에 파기한다."×× 진실을 말하자면, 타자는 늘 얼굴 너머, 보이지 않는 곳에 있다. 타자는 얼굴에 나타나면서 동시에 얼굴 너머로 사라진다. "사랑받는 얼굴은 기호(記號) 더미이다."××× 사랑함에서 얼굴은 정신적인 것으로 바뀐다. 그 전화(轉化) 속에서 눈은 영혼의 창이고, 이마는 숭고한 것의 사원(寺院)이다.

얼굴은 단순히 감각적 형태, 조형적 이미지가 아니다. 얼굴은 자기 앞에 내놓는 존재의 전면 그 자체다. 얼굴은 거죽, 복잡한 것의 단순한 표면이다. 그것은 겉과 속 사이, 세계와 세계 사이의 경계다. 얼굴이라는 경계 밖에 타인이 있다. 얼굴은 시시각각으로 표정이 바뀌는데, 그렇게 존재와 영혼의 변화무쌍한 기미를 반영한다. "얼굴은 신체 중에서도 특히 영혼이 나타나고 변장하는 장소다. 사람들은 얼굴을 만들어낸다."×××× 사람은 누구나 제 얼굴의 발명자다. 이 얼굴로써 말을 하고 타자와 소통하며 세계 실존에 참여한다. 삶은 곧 얼굴의 실존을 통해 구현된다. 타자의 얼굴이 사랑을 명령한다. 타자는 항상 얼굴로써 나타나고 얼

× 에마뉘엘 레비나스, 『전체성과 무한』(핑켈크로트, 앞의 책, 25쪽에서 재인용)
×× 알랭 핑켈크로트, 앞의 책, 104쪽.
××× 알랭 핑켈크로트, 앞의 책, 52쪽.
×××× 알랭 핑켈크로트, 앞의 책, 27쪽.

굴로써 명령한다. 사랑에 빠진 자는 필연적으로 사랑하는 타자의 얼굴을 욕망한다.

타자는 무엇보다도 먼저 얼굴로 온다. 얼굴은 사랑의 끄나풀, 사랑의 메신저다. 타자의 부름에 가장 먼저 응답하는 것도 얼굴이다. 사랑은 얼굴에의 끌림에서 시작한다. "처음에는 서로의 거죽에 이끌리지만 동시에 직관적으로 전체를 다 파악해."[x] 타자가 출현하는 거죽으로서의 얼굴. 이 거죽은 수수께끼와 같은 사랑으로 들어가는 지리를 펼쳐준다. 사랑에 빠진 자는 사랑하는 이의 얼굴에서 눈을 떼기 어렵다. 그것은 얼굴이 사랑을 퍼뜨리기 때문이다. 이 얼굴은 사랑을 퍼뜨리고 가까이 접근하면 달아난다. 타자의 얼굴은 침투할 수 없고, 사적 소유로 거머쥘 수가 없다. 이 불가능성은 곧 사랑의 불가능성과 등가를 이룬다. 이 얼굴은 나를 부르면서 내게서 도망간다. "사랑에 빠진 사람은 자신을 사로잡고 있는 얼굴을 기억할 수 없는, 이상한 사람이다."[xx] 사랑하는 이의 얼굴을 더할 나위 없이 생생하지만, 그것은 도망가면서 지워진다. 그래서 그 얼굴을 기억하지 못한다.

얼굴은 타자라는 미지의 현전으로 다가온다. 얼굴은 타자가 나타나는 방식이다. 얼굴은 내면의 표지이자 자아가 출연하는 무대다. 얼굴에서 피와 오물은 나타나지 않는다. 그것은 얼굴이라

[x] 필립 로스, 『죽어가는 짐승』, 정영목 옮김, 문학동네, 2015, 27쪽.
[xx] 알랭 핑켈크로트, 앞의 책, 50쪽.

는 막 뒤로 숨는다. 얼굴이라는 무대에 자아라는 배우가 나와 연기를 한다. 자아는 무수히 많은 배역들을 연기하고, 연극은 거의 끝나지 않는다. 어떤 사람도 자아는 하나가 아니다. 자아는 분열하고, 그것은 무수하다. 마르셀 프루스트는 "나는 단 한 사람의 나가 아니라, 서로 다른 부류의 사람들로 구성된 군대 행렬 같은 것"이라고 말한다.[×] 내 안에 '군대 행렬'같이 그토록 많은 '나'를 품고 있다. 연인의 얼굴이 시시각각으로 천변만화(千變萬化) 하는 것은 당연한 현상이다.

얼굴은 만들어지는 것이며, 불가피한 삶의 현전이다. 얼굴은 무수히 많은 익명적인 것을 특정하여 호명할 수 있게 만들며, 떠도는 것을 고정시킨다. 얼굴은 곧 타자라는 개별적 기호를 특정한다. 얼굴은 '얼의 골'이다. 거기에 얼이 깃들고 영혼이 거주한다. 얼굴은 감정의 변이들, 기분 전환, 저항과 불쾌를 나타낸다. "얼굴은 이미지를 좇는 사냥꾼들이 결코 포획할 수 없는 유일한 사냥물이고, 눈은 타인의 얼굴로부터 언제나 빈손으로 돌아온다. 타인의 얼굴은 실제로 나타난 형태로부터 물러서서 표상을 피하고, 내가 그에게 부여하는 시선에 대해서 끊임없이 반박하고 있다."[××] 얼굴은 자유의지의 동맹이자 영혼의 독립국이다. 얼굴은 존엄하다. 얼굴은 타자가 소유할 수 없다. 타자가 강제적으로 소유하려면 얼굴은 뿌리치고 달아난다. 얼굴은 사방으로 튀

× 마르셀 프루스트, 여기서는 이성복, 『프루스트와 지드에서의 사랑이라는 환상』(문학과지성사, 2004, 61쪽)에서 재인용.
×× 알랭 핑켈크로트, 앞의 책, 25쪽.

어 분산하고, 이리저리 흘러 유동하며, 여기가 아닌 저기로 도망
간다. 우리가 소유할 수 있는 얼굴이란 기껏해야 죽은 얼굴뿐이
다. 죽은 얼굴은 한곳에 고정되어 도망가지 못한다. 얼굴은 감각
적 형태거나 덩어리가 아니라 세계와의 접면에서 현전하는 역
동을 표현하기 때문이다. 얼굴은 '나'의 나타남이고, 눈에 보이지
않는 자아의 실현이다.

두말할 것도 없이 키스는 연애의 촉매제다. 당신이 누군가의 키스에 심장이 뛰고 설렌다면 그건 당신이 누군가와 사랑에 빠졌다는 움직일 수 없는 증거다. 키스에의 기억이 아득하고, 키스하고 싶다는 한 점의 욕구도 없다면 그건 이미 당신이 사랑의 고갈 상태에 빠져 있음을 보여주는 신호다. 사랑에서 멀어진 사람은 키스 하지 않는다. 누군가를 사랑해서 키스를 하고, 누군가에게서 사랑받고 싶어서 키스를 한다. 키스는 연애의 서곡(序曲)이자 간주곡(間奏曲)이다.

　키스에 대해 말할 때면 가장 먼저 구스타프 클림트의 〈키스〉(1907~1908년, 빈, 벨베데레 오스트리아 미술관)가 떠오른다. 이 그림은 키스에 대한 모든 것을 담고 있다. 내 서가에는 〈키스〉가 실린 화집이 없었다. 도서관에서 이케가미 히데히로의 『관능 미술사』라는 번역서를 찾아냈다. 구스타프 클림트의 작품만이 아니라 다른 화가들이 그린 〈키스〉가 실린 책이다. 프란체스코 하예즈의 〈키스〉(1859년, 밀라노, 브레라 미술관)와 르네 마그리트의 〈연인들〉(1928년, 뉴욕, 뉴욕현대미술관)이 인상적이다. 클림트는 연인에게서 키스를 받는 여인의 황홀경에 빠진 얼굴을 몽환적으로 그린다. 남자가 무릎을 꿇은 여자의 머리를 한 손으로 받치고 키스를 하는데, 여자는 눈을 감은 채 연인의 키스를 받아들인다. 연인을 감싼 황금빛 천의 금박과 화려한 문양들이 키스의 황홀경을 암시한다. 이것은 분명 연인의 키스가 가져오는 기쁨을 색채적 상징과 문양으로 드러낸 것이다.

하예즈의 〈키스〉는 대단히 사실적인 키스 그림이다. 붉은색 스타킹에 붉은색 계열의 망토를 걸치고 깃털 달린 모자를 쓴 남자와 연한 푸른색 실크 드레스를 차려 입은 여자가 계단 앞에 서서 키스에 몰입해 있다. 한 발은 땅을 밟고 다른 한 발은 계단에 걸쳐 안정된 자세를 취한 남자가 여자의 머리를 한 손으로 받치고 다른 한 손으로 얼굴을 잡은 채 키스를 나눈다. 키스를 받는 여인의 뒷모습이 화면 한가운데를 차지하는데, 화가는 여성의 실크 드레스의 부드러운 광택을 공들여 묘사한다. 키스라는 달콤한 애정 표현과 실크 드레스의 질감이 어우러지면서 화면에 우아한 분위기를 뿜어낸다. 마그리트가 그린 〈연인들〉은 천으로 얼굴과 머리를 감싼 남녀가 키스를 나누는 모습이다. 눈과 입을 가린 채 키스를 나누는데, 화면은 무뚝뚝하고 칙칙한 무채색으로 덮여 있다. 화가는 애정이 배제된 키스 포퍼먼스를 보여주려는 것일까, 혹은 키스이되 키스가 아닌 익명 행위로서의 키스를 보여주려고 한 것일까. 화가의 의도를 짐작하기 어렵지만 이 그림이 키스의 기쁨을 예찬하지 않고 있는 것은 분명하다.

거의 모든 연인들은 키스를 한다. 키스는 얼굴을 마주보고 얼굴 전면에 배치된 입술과 혀, 그리고 이를 써서 하는 사랑의 행위다. 물고, 빨고, 핥는 이 원시적인 구강 행위는 먹는 행위와 닮아 있다. 누구나 음식을 먹을 때 음식을 물고, 깨물고, 빨고, 핥는다. 먹는 것이 그러하듯 키스는 아주 오랜 기원을 갖고 있다. "대부분의 생물은 입으로 음식물을 먹어야만 살 수 있다. 거기에서 입은 '생명이 들어오는 문'이라는 연상도 자연스럽다. 그리고 새로운 생명을 낳는 원인이 되는 사랑 역시 키스에 의해 시작된다."[×] 먹는 것과 키스는 원초적인 본능을 공통의 기원으로 삼는다. 의심할 바 없이 갓 태어난 아기가 엄마의 젖을 물고 빠는 것이 키스의 기원이다. "엄마가 씹은 음식 덩어리를 아기에게 줄 때 두 입은 접촉하게 된다. 그렇다면 키스가 유래한 이유는 생존과 오랜 연관성을 가진 탓일 수도 있다. 어느 쪽이든, 키스는 여행의 출발을 나타내는 동시에 신체가 느끼는 향수처럼 과거의 충만했던 시점으로 돌려놓는다."^{××} 성인이 되어 겪는 키스 체험은 육체의 관능성을 향한 욕구의 시작점이다. 그것은 상대의 몸이 발산하는 매

× 아케가미 히데히로, 앞의 책, 132쪽.
×× 로버트 롤런드 스미스, 『이토록 철학적인 순간』, 남경태 옮김, 웅진지식하우스, 2014, 104쪽.

력을 전유하려는 목적에서 시작해서 키스가 주는 관능적 열락에 잠겼다가 목가적 사랑을 확인하는 것으로 끝난다. 키스는 섹스를 하는 것보다 그 절차가 간단하다. 그리고 섹스보다 가벼운 열락을 약속한다. 섹스는 몸에 걸친 옷들을 벗고, 성기가 노출되는 부끄러움을 견뎌야 한다. 섹스는 욕망의 적나라한 노출과 그 앞에 놓인 여러 단계의 장애물을 거치는 행위다. 그러나 키스 앞에는 어떤 장애물도 없다. 키스는 언제 어디서나 준비 절차 없이 할 수가 있다. 키스는 「잠자는 숲속의 미녀」에서 같이 악마의 주문으로 잠든 여인을 깨우고, 피그말리온 전설처럼 생명이 없는 조각상에 생명을 불어넣어 깨우는 신비한 힘이 있다.

괴테는 『젊은 베르테르의 슬픔』에서 베르테르와 샤를 롯테 사이의 다소 이상야릇한 키스를 보여준다. 두 사람은 얼굴을 대면하는 키스를 하지 않는다. 둘이 연인 관계가 아니기 때문이다. 둘은 카나리아를 매개로 간접 키스를 나누는데, 이 간접 키스는 두 사람 사이의 난관과 우여곡절, 즉 불행한 사랑을 상징화한다. 베르테르는 샤를 롯테의 방심함 속에서 얼떨결에 키스를 겪는다. "사랑의 여정은 기묘한 고행이다. 그것은 장점으로부터 그 사람 자체로, 또 그 사람 자체로부터 얼굴로 나아가는 보이지 않는 것을 향해 걸어가는 행군이다."[×] 베르테르의 가엾은 사랑을 엿보게 하는 대목을 읽어보자.

× 알랭 핑켈크로트, 『사랑의 지혜』, 권유현 옮김, 동문선, 1998, 62쪽.

카나리아 한 마리가 화장대 거울에서 날아오더니 그녀의 어깨 위에 앉더군. "새로 온 친구예요." 그녀는 그렇게 말하면서 자기 손 위에 새를 앉게 했네. "아이들을 위해서 가져왔어요. 아주 귀여워요! 보세요! 빵을 주면 날개를 파닥이며 앙증맞게 쪼아 먹어요. 내게 키스도 하는 걸요, 보세요!"

그녀가 작은 새를 향해 입을 내밀자 새는 그 작은 부리로 그녀의 달콤한 입술을 사랑스럽게 눌러대는 게 아닌가. 마치 행복을 느낄 수 있다는 듯이 말일세.

"당신도 키스를 받아보셔야죠." 그녀는 그렇게 말하더니 새를 내게 건네주었네. 그 작은 부리가 그녀의 입술에서 내 입술로 옮아온 것이네. 입술을 쪼아댈 때의 촉감은 사랑으로 가득 찬 희열의 숨결과도 같았네.

"이 새의 키스에서는" 하고 내가 말했네. "야릇한 욕망이 느껴지는군요. 먹잇감을 찾다가 공허한 애무에 만족하지 못하고 돌아서는 느낌 말이죠."

"제가 입으로 주는 먹이도 받아먹는답니다." 그녀가 말했네. 그녀는 입술에 빵 부스러기를 묻히고 새에게 내밀었는데, 그 입술에서 공감과 숨결이 어우러진 사랑의 기쁨이 환한 미소를 짓고 있었네.*

카나리아는 샤를 롯테가 내민 입술에 키스를 하고 다시 베르

× 요한 볼프강 폰 괴테, 『젊은 베르테르의 슬픔』, 안장혁 옮김, 문학동네, 2010, 123~124쪽.

: 키스 :

테르의 입술에도 키스를 한다. 이 간접 키스는 어떤 키스보다 더 달콤하며 에로틱하다. 새가 입술을 쪼아댈 때의 촉감에서 베르테르는 "사랑으로 가득 찬 희열"을 느낀다. 야릇한 욕망을 자극하는 희열이 공허함을 가로질러 베르테르 내면에 숨은 관능의 초연함을 깨운다. 이때 '새'는 베르테르의 환상 속에서 날아다니는 샤를 롯테의 분신이자 혼령이다. 이 가벼운 것이 샤를 롯테에 사로잡힌 베르테르의 영혼에게 날아와 앙증맞은 키스를 해댄다. 이 것만으로도 베르테르의 가련한 영혼은 흥분과 동요 속에서 솟구치는 환희로 영혼이 충만하는 것이다.

키스는 생물학적 이득을 생산하지 않는다는 점에서 공허하다. 하지만 키스는 사랑의 서약이고 촉매제라는 점에서 존재감이 드러난다. 키스는 최소한 작은 소리를 내며 행해진다. 두 입술이 흡착한 듯 붙고 숨은 멈춘다. 연인들은 입술이 떨어질 때만 숨을 쉴 수가 있다. 잠시 입술을 떼었을 때 분리된 입 안으로 공기가 쏟아져 들어간다. "키스는 비단 자락의 스침이나 모래 위의 발자국처럼 거의 들리지도 않든가 매우 부드러울 수 있다. 마침내 입술이 떨어질 때 공기는 분리된 연인 속으로 쇄도해 들어간다."×
키스는 봉인된 타인을 여는 행위다. 키스가 몸의 내밀함을, 영혼의 오래된 지층을, 경험들의 비밀을 활짝 열어젖힌다! 키스를 통해 타인을 무장해제한 뒤 그 봉인을 뜯어낸다. 그리하여 그의 내

× 대니얼 맥닐, 『얼굴』, 안정희 옮김, 사이언스북스, 2003, 83쪽.

면에 숨어 있던 비밀들이, 존재의 내밀함이 쏟아진다. 이것이 키스의 효과다. 키스는 결과물[生殖]을 만들지는 못하지만 연인들은 키스에 매달린다. 키스는 조만간 있을 성교의 전조(前兆)인 것이다.

키스를 하지 않는 연인은 없다. 키스를 하지 않는 연인이란 이미 죽은 자들뿐이다. 키스는 살아 있는 사람들의 구애 방식 중에서 가장 흔한 것이다. 키스는 당신이란 텍스트를 열고 그 내용을 읽는 일이다. 구강의 가장 부드러운 점막, 혀, 타액, 입술을 부비고 교환하는 일은 연애에서 빠질 수 없는 통과의례다. 첫 키스를 나눈 뒤 피부의 감촉, 육체의 내밀함을 공유한다는 느낌과 함께 상대에 대한 사랑이 더 깊어진다. 키스를 통해 사랑이 감정적인 것과 육체적인 것이 결합되는 행위라는 걸 깨닫게 된 연인은 좀 더 대담해진다. 첫 키스를 하고 난 뒤 사랑은 급속도로 빨리 진행된다. 키스에 이어지는 애무 행위는 전혀 이상하지 않다. 그것은 사랑의 자연스러운 단계다.

첫 키스를 나눈 연인들은 자연스럽게 더 자주 키스를 나눈다. 많은 키스들이 애무로 이어지고, 애무가 섹스로 진행되는 것이다. 키스 그 자체만을 놓고 보자면 "외적인 이득"은 없는 공허한 유희이다. "키스 자체는 묘하게도 공허한 행위다. 마치 음식도

: 키스 :

없이 식사하는 것이라고 할까? 우는 행위와 비슷하게 키스는 내적인 계기를 갖지만 외적인 이득은 없다. 섹스는 적어도 생식의 목표를 지향할 수 있으나 키스는 아무것도 이루지 못한다. 키스는 그 자체 목적인 셈이다."[×] 음식도 없이 하는 식사란 두말할 것도 없이 공허한 행위다. 키스를 그에 견주는 것에 동의하지 않는 사람도 있을 테다. 그렇지만 생물학적 생식의 관점에서 키스는 아무것도 이룰 수 없다는 점에서 공허하다. 키스를 아무리 열심히 하더라도 임신되지는 않는다. 키스가 노릇한 관습으로 떨어질 때 감미로움은 휘발하고 의례적인 수단에 지나지 않는다. 그러나 생리 심리학적인 키스를 공리적인 잣대로 재고 그 유용성을 따지는 것은 우스꽝스러운 짓이다. 키스는 무엇보다도 연인들을 기쁨으로, 연애의 피안으로 이끈다. 키스는 연애의 꽃이라 할 만하다.

키스는 연인들의 특권이다. 특히 첫 키스는 상대를 연인으로 받아들인다는 허락의 신호다. 연애는 키스에서 시작하고 키스로 성장한다. 첫 키스를 기점으로 연애는 관계의 밀도는 더 강해지고 더 깊은 데로 나아간다. 분명 관계의 밀도는 황홀경에서 치러진 첫 키스 전과 후로 나뉜다. 키스는 연인들을 관계의 저 건너편으로 인도한다. 키스로 인해 연인 사이의 신체적 친밀감이 높아지고, 두 사람의 몸과 영혼이 훨씬 더 정념의 내밀함 속에서 결합

× 로버트 롤런드 스미스, 앞의 책, 99쪽.

할 수 있는 준비를 마치는 것이다. 정작 키스 자체로 이룰 수 있는 것은 아무것도 없다. 키스는 한줌의 관능적 기쁨 말고는 생물학적으로 보상이 없는 잉여 행위이기 때문이다. 첫 키스의 유일한 보상은 이것이 무수히 많은 키스들을 불러온다는 사실이다.

사랑은 영혼이 연출하는 파란만장한 태도와 자세들의 진열장이다. 이 진열장에서 사랑은 이 모든 것을 감추지 않고 드러낸다. 연애소설에서 가장 강렬한 감흥을 주었던 알렉산드로 바리코의 『비단』에서 그 점을 확인할 수 있다. 우연히 손에 넣은 이 소설을 읽으며 나는 전율했다. 이토록 슬픈 갈망을 담은 애무, 이토록 섬세하고 열정에 사로잡힌 애무라니! 애무에 대하여, 그 현상과 본질을 이렇게나 적나라하게 드러낸 소설을 찾기란 쉽지가 않다. 『비단』은 19세기를 배경으로 펼쳐지는 에르베 종쿠르라는 프랑스 누에상이 겪은 사랑 이야기다. 에르베 종쿠르는 31세로 아내 엘렌과 둘이 산다. 그는 병들지 않은 누에알을 구하기 위해 시리아나 이집트까지 간다. 1861년 애벌레에 반점을 일으키는 잠균병이 유럽 전역은 물론이고, 유럽 넘어 아프리카와 인도까지 번진다. 비단 생산업자들에게는 재앙이라고 할 만한 상황이다.

그는 병들지 않은 누에알을 구하려고 "세상의 끝"인 일본으로 떠난다. 유럽을 거쳐 러시아를 가로지르고 중국 국경을 넘어, 다시 태평양 바다 건너의 일본은 세상의 끝이라고 할 만한 미지의 나라다. 몇 달에 걸친 긴 여행 끝에 일본에 닿는다. "일본에서 가장 범접하기 어려운 남자, 온 세상이 이 섬나라에서 빼내가려고 기를 쓰는 모든 것의 주인"인 하라 케이라는 일본 귀족을 만나는데, 그 자리에서 하라 케이의 애인인 한 소녀를 본다. "계속 말하고 있었지만 에르베 종쿠르의 시선은 본능적으로 그녀를 향해 있었다. 그가 말을 계속하면서 알아차린 것은 그녀의 눈이 동양인처럼 가늘게 찢어진 눈이 아니라는 것이었다. 그녀의 두 눈은 당혹스러울 정도로 당돌하게 그를 향하고 있었다. 반짝이는 그 눈은 마치 태어날 때부터 에르베 종쿠르를 보고 있었던 것 같았다. 그는 시선을 다른 곳으로 돌렸다. 있는 힘을 다해 무관심한 표정을 지었다. 그리고 목소리가 떨리지 않도록 조심하며 이야기를 이어나갔다."[×] 이 첫 만남에서 의미 깊은 것은 '시선'이다. 그는 자기를 바라보는 이국 소녀의 당돌한 시선에 마음을 빼앗기고 사랑에 빠진다. 시선은 사랑의 첫 발화점이다. 사랑하는 그/그녀는, 놀랍게도, 사랑보다 먼저 존재하고, 그 존재의 꿋꿋함으로 사랑이 부재하는 현실의 메마름 속에서 잘도 살아온 우리를 비웃는다. 사랑은 현실에 잇대인 꿈, 선망, 환상에 기댄다. 그것들이 없다면 사랑도 없다. 사랑은 그/그녀가 가진 것들, 미적 자본, 내재적 특성들, 기타 조건에서가 아니라 그/그녀에게 투사된 우리

× 알렉산드로 바리코, 『비단』, 김현철 옮김, 새물결, 2006, 44쪽.

의 눈길과 욕망이 그 발화점이다. 그/그녀가 미지의 존재라는 사실은 사랑에서 아무 문제가 되지 않는다. 모든 사랑은 약간의 정신 착란이다. 그래서 누군가를 사랑하는 사람들은 얼빠짐의 상태에서 약간의 도착(倒錯), 약간의 착오를 품고 살게 된다.

『비단』은 에르베 종쿠르와 이국 소녀의 애틋한 사랑을, 평화롭고 안락한 삶을 뒤흔드는 위험한 사랑을 그려낸다. 두 사람의 '눈'과 엇갈리고 마주치는 '시선'이 다시 나온다. 에르베 종쿠르는 다시 일본을 찾고, 하라 케이와 함께 있는 소녀의 얼굴을 한 그 여자를 다시 본다. "그는 기회가 있을 때마다 여인의 시선을 찾았다. 여인 또한 그의 시선을 살짝살짝 찾고 있었기에 두 사람의 눈길이 이따금 마주치곤 했다. 서글픈 춤을 추고 있는 것 같았다. 아무도 모르게 추는, 결코 완성될 수 없는 춤. 에르베 종쿠르는 밤이 깊어가는 동안 그 서글픈 춤을 추었다." 사랑은 시선과 시선의 접촉에서 부화하고 촉각과 촉각의 만남에서 뜨거워지며 마치 춤을 추듯 정점으로 치닫는다. 두 사람은 사랑에 빠진다. 촉각은 정념의 불꽃을 피워낸다. 모든 연인들은 서로의 몸을 쓰다듬는다. 연인의 몸을 쓰다듬는 손, 그 손은 탐색하는 손이고, 타자라는 미지를 여는 열쇠다. "눈을 뜨지 마세요. 눈을 감고 당신의 몸을 만져보세요. 당신의 손은 너무나 아름답습니다. 꿈에 자주 당신의 손을 봅니다. 이제 제 두 눈으로 보고 싶어요. 당신의 몸을 매만지는 당신의 손을. 그래요, 그렇게. 계속하세요. 눈을 뜨지 마세요. 저는 여기 있답니다. 아무도 우릴 볼 수 없어요. 당신 곁에 내가 있어요. 몸을 만져보세요. 사모하는 주인님, 당신의 음경을 쓰다듬어 보세요. 천천히." "당신의 음경을 쓰다듬는 당신의 손, 너무 아름다워요. 멈추지 마세요. 당신의 음경을 보고 싶어요. 사모하는 주인님. 눈을 뜨지 마세요. 아직. 두려워하지 마세요. 제가 곁에 있어요. 저를 느끼시나요? 저는 여기 있어요. 당신을 어루만질 수도 있답니다. 이건 비단이랍니다. 느낄 수 있나요? 이건 제 비단 치마입니다. 눈을 뜨지 마세요. 제 살결을 느껴보세요." "이제 제 입술을 느껴보세요. 제게서 가장 먼저 당신께 닿을 것은 제 입술입니다. 제 입술이 어느 곳에 처음 닿게 될지는 알려드리지 않을래요. 당신은 갑자기 어느 곳에선가 제 입술의 온기를 느끼게 될 거예요. 눈을 감고 계세요. 제 입술이 당신의 어디에 닿게 될지 알 수 없도록. 눈을 뜨지 마세요. 이제 어딘지 모르는 곳에서 곧 제 입술의 감촉을 느끼게 될 거예요. 갑자기." 이렇듯 사랑은 항상 그/그녀의 몸, 즉 살갗, 눈동자, 얼굴, 쇄골, 허리, 엉덩이에서 증식한다. 몸은 사랑의 중간 매개항이다. 몸은 의식과 따로 있지 않다. 몸 그 자체가 의식-주체다. 말하는 몸은 말하는 의식-주체다. 사랑하는 자는 사랑을 위하여 자기 몸을 쓰는데, 이때 몸은 부재와 망각을 넘어서 온다. 몸은 하나의 현존으로 왈칵 쏟아진다. 몸은 망각과 죽음에 저항한 흔적이다. 그것은 저항의 자리, 저항의 장소다. 장소로서의 몸, 혹은 몸으로서의 장소. "장소는 아무래도 좋은 '어딘가(quelque pat)'가 아니라, 하나의 기반(base), 하나의 조건이다."[×] 몸은 하나의 장소, 하나의 기반, 하나의 조건이다. 장소로서의 몸은 현존을 떠받드는 실존의 유일한 조건이다. 그것이 없다면 사랑이나 삶도 불가능하다. 피부의 주름들과 살의 늘어짐, 그 노화의 흔적들은 망각과 죽음에 맞서 싸운 흔적이다. 시간이 존재를 감싼 표피를 할퀴고, 흔적을 새기며, 가로질러 간다.

사랑에 빠진 자들은 제 안에 숨은 동물적 본성을 거침없이 드러내고, 일상의 질서를 격렬한 방식으로 무너뜨린다. 사랑에 빠진 사람은 예전과는 다른 존재다. 눈, 눈꺼풀, 입술, 혀, 음경 따위에 동물적인 것의 성분들이 흩뿌려져 있다. 사랑에 빠진 자는 사랑하는 이의 몸을 만지고, 스치고, 누르고, 움켜쥐고, 끌어당기고, 벌리고, 들어간다. 사랑이라는 진열장에는 애무의 모든 것이 전시된다. "어쩌면 당신의 눈일 수도 있어요. 제 입술로 감겨 있는 당신의 눈꺼풀을 지그시 누를 수도 있을 거예요. 제 입술이 당신의 눈을 애무해요. 어쩌면 당신의 음경일 수도 있어요. 그래요, 내 입술을 그곳으로 가져가겠어요. 조금씩 조금씩 입을 벌리며 몸을 숙일 거예요. 당신의 음경이 내 입술을 벌려 안으로 들어오게 할 거예요. 내 혀를 내리누르는 당신의 음경. 침이 당신의 몸을 타고 당신의 손까지 흘러내리겠지요. 당신의 음경에 입 맞추고, 당신

× 에마뉘엘 레비나스, 『존재에서 존재자로』, 서동욱 옮김, 민음사, 2003, 116쪽.

: 애무 :

은 손으로 음경을 붙잡고." "마지막으로 당신 가슴에 입맞추겠어요. 당신을 원하기 때문이에요. 당신의 심장 위에서 울렁이는 살점을 물어뜯을 거예요. 당신을 간절히 원하기 때문이에요. 제 입 안으로 당신의 심장이 들어오는 순간 당신은 진정으로 제 것이 될 거예요. 제 입이 당신의 심장으로 파고드는 순간 당신은 제 것이 되어요, 영원히. 내 말을 믿지 못하시겠다면 눈을 뜨세요. 사모하는 주인님. 그리고 저를 바라보세요. 제가 여기 있어요. 어느 누가 감히 지금 이 순간을 지워버릴 수 있겠어요? 저는 지금 실오라기 하나 걸치지 않았어요. 당신은 지금 제 몸을 만지고 있어요. 눈으로 제 몸을 바라보고 있어요." "제 몸속으로 파고든 당신의 손가락. 제 입술에 닿은 당신의 혀. 당신은 제 몸 아래로 미끄러져 들어와요. 당신은 제 엉덩이를 두 손으로 움켜쥐고 저를 들어 올려요. 그리고 당신의 음경 쪽으로 서서히 제 몸을 끌어당겨요. 누가 감히 이 순간을 지워버릴 수 있겠어요? 당신은 천천히 제 몸속으로 들어와요. 당신의 손은 제 얼굴을 더듬어요. 당신의 손가락이 제 입속으로 파고들어요. 당신의 눈에서, 당신의 목소리에서 기쁨이 넘쳐나요. 당신은 천천히 몸을 움직여요. 마지막 고통이 느껴지는 순간, 저도 환희의 비명을 내질러요." 애무는 사랑하는 이를 자기의 신체에서 달아나게 한다. 애무는 영원한 도주다. 사랑하는 이는 제 신체만을 남기고 몽환적인 것, 혹은 황홀경 속으로 달아난다. "제 몸은 당신 몸 위에 있어요. 당신은 허리를 들어 올려 다시 제 몸이 솟구치게 하죠. 당신의 두 팔은 저를 꽉 붙잡고 놓지 않아요. 제 몸 안에서 쉬지 않고 저를 밀어붙이는 당신의 음경. 황홀한 고통. 제 눈을 들여다보는 당신의 눈을 들여다보아요. 그것은 얼마나 오래 저를 아프게 해야 하는지를 알고 싶어 하는 것 같아요. 당신 뜻대로 하세요. 사모하는 주인님. 끝은 없어요. 영원히 끝나지 않을 거예요. 어느 누가 감히 지금 이 순간을 지워버릴 수 있을까요? 당신은 영원히 고개를 돌리고 계시겠지요. 큰 소리로 통곡을 하며. 저도 영원히 눈을 감고 있을 거예요. 당신의 이마에 눈물을 떨구며. 당신이 환희 속에 내지르는 소리에 저의 환희도 섞여 들어요. 당신은 거칠게 저를 끌어안아요. 달아날 시간도, 저항할 수 있는 시간도 남아 있지 않아요. 바로 지금 이 순간이어야 해요. 바로 지금 이 순간이에요. 절 믿으세요. 사모하는 주인님. 지금 이 순간은 영원히 지속될 거예요. 지금으로부터 영원까지. 이 세상이 끝나는 날까지."[×] 연인들은 서로의 몸을 만진다. 얼굴을, 목덜미를, 젖가슴을, 허리를, 엉덩이를 쓰다듬는다. 연인들은 키스에서 시작해서 애무로 치닫는다. 애무는 연인의 몸을 달구고 에로스의 중심으로 이끈다. 애무는 사랑하는 자의 의무이자 신성불가침의 특권이다. 사랑은 상대를 애무로 초대하는 것이다.

달콤한 애무는 잠든 에로스를 깨운다. 에로스에 불을 지피고

[×] 알레산드로 바리코, 앞의 책, 2006, 180~189쪽.

: 애무 :

그걸 타오르게 한다. 애무하는 손 아래에서 관능으로 달궈진 육체가 나타난다. 눈에 보이지 않던 육체가 눈에 보이는 차원으로 이동한다. 애무는 육체를 쓰다듬는 일이 아니라 타인의 육체를 "가공"하는 일이자 "타인에게 육체를 부여하는 의식의 총체"다. 애무는 "수동성으로의 초대, 욕망의 대상을 자신의 끈끈한 살에 붙여 놓아 도망가지 못하도록 하고, 자신은 상대의 시선 아래에서 살지 않으려는 기도(企圖)"이다.ˣ 애무는 누군가에게 제 몸 전부를 맡겨야 한다. 당신 뜻대로 하세요. 애무는 몸의 무한 복종이고 경배다. 애무는 사랑을 위한 일종의 제의다. 연인들은 애무를 통해 사랑을 위한 몸을 빚어낸다. 애무는 타인의 몸을 빚는 행위이고, 실은 만질 수 없는 것을 만지는 것이다. 필립 로스의 『죽어가는 짐승』의 한 대목을 불러오자. "그 아이는 거기에, 소파에 대놓고 엎드린 것은 아니지만, 그럼에도, 엉덩짝을 반쯤 내게 돌린 자세로 거기 있었어. 콘수엘라처럼 자기 몸을 의식하는 여자, 그런 여자가 그러는 것은 시작하라고 하는 초대다. (중략) 나는 아이의 두 엉덩짝을 애무하기 시작했고, 아이는 그걸 좋아했어."ˣˣ 육체의 "가공"이든 타인에게서 육체의 자율성을 빼앗으려는 "기도"이든 애무는 자기 자신에게 머물러 있는 타자를 밖으로, 더 정확하게 말하자면 사랑의 무대로 호명하는 일이다. 지금 이 순간은 영원히 지속될 거예요. 연인들은 이렇게 선언한다. 자, 우리의 벌거벗은 삶을 위로하자, 애무로 사랑을 나누자, 애무가 우리를

ˣ 알랭 핑켈크로트, 앞의 책, 22쪽.
ˣˣ 필립 로스, 『죽어가는 짐승』, 정영목 옮김, 문학동네, 2015, 37~38쪽.

행복하게 만들 것이다! 결과는 어떤가? 애무는 그 정점을 지나면 환상의 위기를 낳고, 타자의 육체를 탕진에 빠뜨린다. 애무로 지핀 에로스의 불길이 사그라들 때 애무로 한껏 달아올랐던 두 육체는 에로스를 고갈한 뒤 갑자기 삭막한 감정의 환멸과 조우한다. 애무의 최종 목적지가 행복의 발명이 아니라 환멸이라는 점에 연인들은 당혹감에 빠진다. 영원히 도래하지 않는 미래로서의 타자가 우리 앞에 있고, 우리는 그 불가능성을 쓰다듬는다. 애무는 두 몸이 교합으로 가는 과정이 아니라 사랑 그 자체다. 사랑은 애무에서 절정으로 솟구친다. 성교는 복잡하게 펼쳐졌던 사랑에 마침표를 찍고 연애가 펼친 것을 거둬들이는 의식이다.

To be alone ———————————————— 혼자

Loving someone ——————— 누군가를 사랑한다는 것

Romance ———————————————— 로맨스

Vulgarization ——————————— 속화

The others ——————————— 타자

Time ——————————— 시간

Craziness ——————————— 광기

Excessiveness ——————————— 과도함

Face ——————————— 얼굴

Kiss ——————————— 키스

Caressing ——————————— 애무

Waiting ————————————— 기다림

기다림은 시간이라는 실로 짠 피륙이다. 기다림이 머금은 시간은 '지금'이다. '지금'이란 이미 와 있다는 점에서 과거에 더 가깝지만 유실되지는 않고 현재를 물고, 순간의 무한으로 머물러 있는 시간이다. 이 무산되지도 않고 실현되지도 않은 미확정의 시간, '지금'은 다른 곳에는 부재하는 '여기'를 품은 채, 가능성을 실현하는 시간이자 의미의 씨앗이 배태되는 현존이 작열하는 시간이다. 기다림은 기다리는 가운데 소실점 너머로 사라지는 시간이다. 기다림은 존재 바깥으로 미끄러지고 남는 것은 기다림 속에서 돌로 굳어지는 자다. 기다리는 자가 지금-여기에서 돌로 굳어지는 것은 기다림의 실패에서 기인하는 결과다. '지금'과 '여기'는 분리되지 않는 한 쌍이다. 음과 양이 하나의 원에서 공존하는 태극 문양같이 지금과 여기는 서로를 품는다. 나는 항상 너무 이르지도 않고 너무 늦지도 않은 지금에 도착한다. 그러나 내가 기다리는 자는 오지 않는다. 그때 갈망이 갈망할 수 없는 것을 향한 불가능한 욕망이 될 때 나태라는 현상이 슬며시 고개를 든다. 나는 기다림 속으로 도망간다. 아직 도착하지 않은 자는 내 기다림을 무산시키며 영원히 오지 않을 것이다. 기다림은 기다림의 희망이 사라진 뒤 그것을 견딜 때 그 실체를 드러낸다.

아니 에르노의 『단순한 열정』은 작가의 분신인 한 여자의 애욕과 지독한 사랑을 보여준다. 일기와 고백에 가까운 글들, 하찮은 나날의 사건들과 개인적 정념들을 솔직하게 털어놓는 글들. 작가는 쓰면서 동시에 씌어진 것들을 반추한다. 이것은 숭고한 것이 아니고 정념이 빚어내는 하찮고 비속하고 너절한 것들로 채워진다. 이 놀랍도록 생생하고 솔직한, 제 치부를 낱낱으로 드러내는, 추문이 될 수도 있는 고백을 담은 연애소설은 "사랑하는 사람은 자신의 연애소설을 스스로는 쓸 수 없다"라는 명제를 정면으로 거스른다.× 사랑은 온통 기다림으로 채워진다. 이것은 작가의 자전적 체험이 짙게 밴 연애소설이며, 연애를 채우는 온갖 기다림들에 관한 이야기다. 연애소설들은 사랑이 기다림이라는 것임을 말하고, 그 기다림의 생태를 공들여 묘사한다.

기다림은 사랑의 가장 유력한 징표다. 기다림을 위해, 기다림에 온전하게 집중하기 위해, 최소한도의 약속, 어쩔 수 없는 용건을 처리하는 것 외에는 아무것도 하지 않는다. 기다림이 일상을 멈추거나 거의 마비시켜버린다. 『단순한 열정』의 문장들을 보라.

× 롤랑 바르트, 『사랑의 단상』, 김희영 옮김, 동문선, 2004, 139쪽.

"작년 9월 이후로 나는 한 남자를 기다리는 일, 그 사람이 전화를 걸어주거나 내 집에 와주기를 바라는 일 외에는 아무것도 할 수 없었다."× "약속 시간을 알려올 그 사람의 전화 외에 다른 미래란 내게 없었다. 내가 없을 때 그의 전화가 걸려 올까봐 그가 알고 있는 일정에 한해서, 일에 관계된 어쩔 수 없는 용건을 제외하고는 가능한 한 외출을 하지 않았다. 또 행여 전화벨 소리를 못 들을까 진공청소기나 헤어드라이어를 사용하는 일조차 피했다."×× "그 사람을 기다리는 일 외에는 아무것도 하고 싶지 않았다."××× 사랑하는 자는 오지 않는 그를 기다리는 것이 아니라 기다림의 기슭에서 서성이며 기다림 그 자체에 매달린다. 기다림 속에서 기다림은 무산되고, 어느덧 기다림은 막을 내린다. 진짜 기다림은 기다림이 끝나는 순간에 시작된다. 그 순간 기다림의 초점은 대상에서 기다림 자체로 전화(轉化)한다.

이제 사랑의 기다림에 대해 말할 것이다. 기다릴 수밖에 없음, 기다림 속에서 더 잘 기다리기 위해 소멸하는 시간을 응시하기, 견디기, 기다림이 불가능해진 순간에서조차 기다림과 제 몸을 포개고, 기대의 무한을 향해 열어놓는 이 지독한 기다림의 하염없음에 대해 말해야 한다. 사랑은 온통 기다림으로 채워지는 그 무엇이다. 일찍이 한 철학자는 이렇게 썼다. "기다림 속에서, 기다린다는 것이 기다림의 불가능성일 수밖에 없는 시간의 부재

× 아니 에르노, 『단순한 열정』, 최정수 옮김 문학동네, 2012, 11쪽.
×× 아니 에르노, 앞의 책, 13쪽.
××× 아니 에르노, 앞의 책, 15쪽.

가 군림한다. 시간은, 시간의 부재라는 압력이 뚜렷이 가해지는 불가능한 기다림을 가능하게 한다. 시간 속에서 기다림은 끝나지 않은 채 그 끝에 이른다."× 작가의 불륜 체험이 바탕이 된 이 소설에서 안광(眼眶)을 직격하는 것은 정신적 퇴행마저 마다하지 않는 '미친 사랑'이다. 나는 그보다 기다림 속에서 잘게 부서지고 저 막 뒤로 사라지는, 광기마저 느끼게 하는 그 열정의 덧없음에 주목한다. 그 덧없음을 가장 생생하게 보여주는 게 기다림이다.

'나'는 혼자 사는 글을 쓰는 작가다. '나'는 A라는 동구권 출신의 한 외교관과 사랑에 빠진다. A는 연하의 유부남이다. '나'는 유부남과 치명적인 사랑에 빠지고 만 것이다. A가 펄펄 끓는 물이 든 커피 포트를 거실의 카펫에 내려놓는 바람에 카펫을 태운다. '나'는 아무렇지도 않다. 오히려 '불에 탄 자국'에서 그의 흔적을, 그와 보낸 열정적인 순간을 떠올린다. A는 술을 많이 마신다. 몸을 가누지 못하고 비틀거릴 만큼 많이 마신다. 술 취해 비틀거리고, '나'를 끌어안으며 트림을 해도 '나'는 그를 미워하지 않는다. 미워하기는커녕 열정적이고 조금은 천박한 모습으로 사랑을 나눌 기대에 젖는다. A는 '나'의 집에 들렀다가 사랑을 나눈 뒤 서둘러 자신의 가정으로 돌아간다. "그 사람이 떠나자 엄청난 피로가 나를 짓눌러왔다. 곧바로 집안을 정리하지 못했다. 나는 유리잔, 음식 부스러기가 남아 있는 접시, 담배꽁초가 수북이 쌓인 재떨

× 모리스 블랑쇼, 『기다림 망각』, 박준상 옮김, 그린비, 2009, 86쪽.

이, 방바닥과 복도에 흩어져 있는 겉옷과 속옷 들, 카펫에 떨어진 침대 시트 등을 물끄러미 바라보았다. 하나하나 어떤 몸짓이나 순간의 의미를 지니고 있는 그 물건들. 그것들이 이루는 생생한 무질서를 지금 상태 그대로 보존하고 싶었다. 그것들은 미술관에 소장된 다른 어떤 그림도 내게 주지 못할 힘과 고통을 간직한 하나의 그림을 이루고 있었다. 나는 그 사람이 내게 남겨놓은 정액을 하루라도 더 품고 있기 위해 다음 날까지 샤워를 하지 않았다."ˣ A가 유부남이라는 사실은 그에게 전화도, 편지도 마음대로 할 수 없고, 선물도 줄 수가 없다는 뜻이다. '나'는 그로 인해 많은 제약 속에 있지만 그것들을 기꺼이 감수한다. 그런 제약들이 기다림과 욕망의 원천이 되는 것이다. '나'는 A가 왔다가 돌아간 뒤 그의 부재를 견디며 한없이 기다리는 일에 매달린다. 기다림의 불가능성에 내입되어 있는 순간은 생활이 없는 시간들로 채워진다. '나'는 우편배달부의 파업에도, 거리의 차량 정체에도 무감각한 반응을 보일 뿐이다. 기다리는 일 말고는 아무것도 의미가 없기 때문이다. 그런 일의 되풀이 속에서 '나'는 지쳐간다. "우리가 지금까지 몇 번이나 사랑을 나누었는지 헤아려보았다. 사랑을 할 때마다 무언가 새로운 것이 우리 관계에 보태어진다는 느낌이 들었지만, 동시에 쾌락의 행위와 몸짓이 더해지는 만큼 확실히 우리는 서로 조금씩 멀어져가고 있었다. 우리는 욕망이라는 자산을 서서히 탕진하고 있었다. 육체적인 강렬함 속에서 얻은 것은

ˣ 아니 에르노, 앞의 책, 17쪽.

: 기다림 :

시간의 질서 속에서 사라져갔다."× A가 떠나고 난 뒤 '나'는 그가 속삭인 말들과 애무를 한없이 되새김질하면서 거의 '마비 상태'로 날들을 보낸다. 그리고 다시 A를 향한 기다림을 시작한다.

A는 임기를 마치고 프랑스를 떠나 자기 나라로 돌아간다. 그것으로 두 사람의 사랑은 종말을 맞는다. '나'는 A가 떠난 뒤 몽롱함과 마비 상태의 날들을 보낸다. "내가 죽었는지 살아 있는지조차 알 수 없었다. 온몸이 아팠다. 나는 고통에서 벗어나고 싶었다. 그러나 고통은 도처에 있었다."×× 사랑의 상실에 대한 신체적 반응은 고통이고 마비다. 그것이 망상일지라도 한 가닥 희망의 끈을 놓지 않으려고 한다. "나는 필사적으로 그 사람의 몸을 머리끝부터 발끝까지 떠올려보았다. 그 사람의 푸른 눈, 이마 위에서 물결치던 그 사람의 머리카락, 어깨의 곡선이 자세히 생각났다. 그 사람의 치아와 입 안의 감촉이 느껴졌고, 허벅지의 모양이며 꺼끌꺼끌하던 살갗마저 만져지는 것 같았다. 내가 그 사람을 떠올리는 행위와 환각 사이에, 그리고 그 사람에 대한 나의 기억과 광기 사이에는 차이점이 전혀 없는 듯했다."×××

사랑은 태반이 기다림으로 이루어진다. 사랑하는 자들은 항상 기다린다. 사랑은 시간을 응고시키는 기다림의 연속이다. 기다림이 성립되려면 두 사람은 동시간대 다른 장소에 있어야만

× 아니 에르노, 앞의 책, 17쪽.
×× 아니 에르노, 앞의 책, 45쪽.
××× 아니 에르노, 앞의 책, 47쪽.

한다. 다른 장소에 살며, 두 삶은 시차(時差)를 두고 다른 궤도를 선회하고 있어야만 한다. 그래야 기다림의 행위가 이루어진다. 기다림은 두 사람의 존재–사건에 이격(離隔)을 만드는 장소의 다름과 시차를 가로지르는 기획이다. 기다림은 사랑을 배양하고 숙성시킨다. 기다림은 사랑을 더욱 애틋한 것으로 만들며, 사랑에 심연을 만든다. 사랑의 관계에서 더 많이 기다리는 자가 사랑에 대해 더 많은 열망을 품는다. 사랑의 관계에서 권력은 기다림의 양과 반비례한다. 항상 더 많이 기다리는 자가 덜 기다리는 자에 견줘 약자다. 대상에의 갈망이 크다는 것은 불가피하게 약자의 자리에 서게 한다. 관계를 주도하는 자, 권력을 쥔 자는 기다리지 않는다. 갈망이 작은 자는 기다린다 해도 조금만 기다린다.

기다림은 부재의 현전을 선취하는 행위다. 기다림은 지금 여기 없는 너를 좋아함을 세계에 드러내는 것, 네가 온다면 내 기분이 좋아질 거라는 확신 속에서 부재하는 대상을 향한 환대에의 약속이다. "환대란 타자에게 자리를 주는 행위, 혹은 사회 안에 있는 그의 자리를 인정하는 행위이다. 자리를 준다/인정한다는 것은 그 자리에 따른 권리들을 준다/인정한다는 뜻이다. 또는 권리들을 주장할 권리를 인정하는 것이다. 환대 받음에 의해 우리는 사회의 구성원이 되고, 권리에 대한 권리를 갖게 된다."× 사랑은 그 사람에게 여기 내 곁에 네 자리가 있어, 만약 네가 여기로

× 김현경, 『사람, 장소, 환대』, 문학과지성사, 2015, 207쪽.

: 기다림 :

온다면 너를 아무 조건 없이 환대할 거야, 라는 약속이다. 환대의 본질은 타자를 인정함이고, 타자의 존엄성에 대한 무조건적인 승낙이다. 타자를 인정하는 것은 타자가 환대를 받을 만한 조건을 갖추었기 때문이 아니라 "가치에 대한 질문을 괄호 안에 넣은 채 그를 환대하는 것"이다.[×] 환대는 그를 위해 음식과 잠자리를 마련하고, 그에게 기쁨을 주는 일을 함이다. 환대는 그것의 지극한 모심이고, 그 현실태는 친절의 베풂과 배려함이다. 진정한 환대는 그것의 보답을 요구하지 않는다. 환대의 보답을 요구하는 것은 거래가 되기 때문이다.

롤랑 바르트는 "사랑하는 사람의 숙명적인 정체는 기다리는 사람, 바로 그것이다"라고 말한다.[××] 사랑이 기다림을 만들어낸 게 아니라 기다림이 사랑을 발명한다. 사랑하는 자들은 기다리는 자들이다. 연인들은 의심하고, 조바심치며, 자성(自省)하고, 거듭하여 뉘우치며, 기다린다. 일반적으로 기다림은 그 주체를 지금-여기, 즉 '현재'에 가둔다. 그렇다면 우리가 기다리는 것은 누구일까? 사랑하는 자가 기다리는 것은 연인이다. 정말 우리가 기다린 것은 연인이었을까? "내가 기다리는 사람은 현실적인 것이 아니다. 젖먹이 아이에게서의 어머니 젖가슴처럼, '나는 내 사랑하는 능력과 그를 필요로 하는 것에 따라 그를 끊임없이 만들어내고 또 만들어낸다.' 그 사람은 내가 기다리는 거기에서, 내

× 김현경, 앞의 책, 213쪽.
×× 롤랑 바르트, 앞의 책, 68쪽.

가 이미 그를 만들어낸 바로 거기에서 온다. 그리하여 만약 그가 오지 않으면, 나는 그를 환각한다. 기다림은 정신 착란이다."ˣ 기다림은 항상 지체되고 지연된다. 그는 온다는 시각에 도착하는 법이 없다. 기다리는 자들은 기다림의 실패, 그 지체와 지연 속에 방기된 채 제 환각을 빚는다. 그 환각 속에서 기다림의 고통이 터져버린다. 기다림은 산산조각나고 사방으로 흩어진다. 기다림의 끝, 기다림의 무산 속에서 기다리는 대상은 분해해서 유령으로 바뀐다.

와시다 기요카즈는 『기다린다는 것』에서 기다림을 "언제까지나 현재가 되어주지 않는 미래, '지금'으로 도래하지 않는 미래"라고 말한다.ˣˣ 기다림은 아직 실현되지 않은 미래에 속하기 때문에 주체는 현재에 머물며, 부서지고, 그 자리에서 무너지며, 주저앉는다. 기다림은 '실현되지 않은 미래'라는 것, '기대의 무한'이 끊임없이 유예되는 것이다. 그런 까닭에 기다림이 가져올 기쁨, 성취, 보람, 결실은 지체되고 끝없이 미래로 유예된다. 와시다 기요카즈는 기다림에는 '기대', '바람', '기도'가 내포된다고 말한다. "그런 뜻에서 기다림이란 껴안는 것이다."ˣˣˣ 우리가 살면서 겪는 많은 기다림은 희망을 잃은 기다림, 껍데기만 남은 기다림, 보람 없는 기다림이다. 진짜 기다림은 기다림의 알맹이를 잃은 순간에 비로소 시작된다. "기다림의 보람 없음, 그것을 잊어버릴

ˣ 롤랑 바르트, 앞의 책, 67쪽.
ˣˣ 와시다 기요카즈, 『기다린다는 것』, 김경원 옮김, 불광출판사, 2016, 25쪽.
ˣˣˣ 와시다 기요카즈, 앞의 책, 19쪽.

때 비로소 사람은 기다릴 수 있다. 그래서 기다림에는 '망각'이 내포되어 있지 않으면 안 된다. 기다림이란 지우는 일이기도 하다."ˣ 기다림은 '망각'을 품는다. 연인과 헤어진 뒤 연인을 기다리는 사람들이 그렇다. 그들은 실연의 아픔을 지우면서, 단념하고, 그러면서도 혹시나 하며, 한 점 희망을 품고, 기다린다. 오늘은 오지 않지만 내일은 꼭 올 거야. 이때 기다림은 불가능성의 세계 안에서 가능성을 꿈꾸는 일이다.

기다림은 기만하는 것이며 가망 없는 행위다. 사무엘 베케트의 『고도를 기다리며』는 기다리고, 기다리고, 기다리다 지친 사람이 등장한다. 블라디미르와 에스트라공이라는 두 부랑자는 누군가를 기다리는데, 날마다 바람을 맞는다. 그들은 아무 희망도 없이 기약 없는 기다림 속에 자신을 방임한다. 말하자면 그들은 '소진된 인간'들이다. "피로한 인간은 단지 실현을 소진했을 뿐이다. 반면 소진된 인간은 모든 가능한 것을 소진하는 자이다."ˣˣ 블라디미르와 에스트라공은 불가능의 세계 속에서 가능한 것들을 하나씩 소진하면서 기다림을 지탱한다. 소진된다는 것은 욕구, 희망, 의미를 잃은 상태에서가 아니라 실현할 수 없는 것의 실현을 위해 제 모든 자원을 바쳤을 때 다가온다. 소진은 "모든 선호의 순서, 모든 목적의 유기적 조직화, 모든 의미화를 포기하고 어떤 한 상황의 변수들 전제를 조합하는 것"ˣˣˣ이

ˣ 와시다 기요카즈, 앞의 책, 19~20쪽.
ˣˣ 질 들뢰즈, 『소진된 인간』, 이정하 옮김, 문학과지성사, 2013, 23쪽.
ˣˣˣ 질 들뢰즈, 앞의 책, 25쪽.

기 때문에! 도박에서 절망적인 패에 남은 돈 전부를 건 자들! 가능성의 폐기가 아니라 그것의 변주와 대체가 불가능해진 찰나! 그게 소진이다. 두 사람은 '고도'가 오지 않으리라는 걸 이미 알고 있지만 기다림을 포기할 수가 없다. 기다림 외에는 다른 선택지가 없는 것이다. 이미 존재의 모든 가능성이 '소진된' 상태이니까!

> "이제는 여기에 더 있다 한들, 별 수 없어." "딴 데라고 별 수 있을까." "이봐 고고, 그런 말은 하는 게 아니야. 내일이 되면 다 잘될 거야." "어떻게 말이야?" "저 애가 한 말을 듣지 못했어?" "아니." "고도가 내일은 꼭 올 거라고 했어."

두 부랑자는 기다림의 공전(空轉), 기다림의 내실 없음에도 불구하고 기다림을 포기할 수가 없다. 아마도 기다림은 살아 있는 한 계속될 것이다. 마음의 기쁨은 남김 없이 고갈되어버리고, 의미는 눈을 씻고 찾아볼래야 먼지 한 톨만큼도 찾을 수가 없다. 그들은 완전히 '소진된 인간'에 이른 것이다. 그들은 죽을 수조차 없는데, 소진된 인간에게는 죽음마저도 사치이기 때문이다. 그들은 '고도'를 기다리지만 고도가 누구인지를 모르고, 고도가 있는지조차도 분명치 않다. 사실 고도가 누구인지는 그다지 중요치 않다. 중요한 것은 '기다린다는 행위'뿐이다. 고도는 메시아도, 구원자도 아니다. 고도는 아무것도 아님, 즉 무(無)에 가까운 무엇이다. 시계는 멈춰버렸고, 고도는 오지 않는다. 오늘은 오지 않았지만 내일은 꼭 올 거야. 그들은 기다림을 그만둘 수가 없다. 오직 그것밖에 할 수 없으니까! 그들은 기다림의 의미가 고갈되어버린 땅에서 기다리는 것의 절망을 보여준다. 그 절망은 기다림에 아무 의미도 없는데, 기다리는 것 말고는 다른 아무것도 할 수 없는 자의 절망이다.

사랑하는 사람들은 기다리고, 기다리고, 기다리다 지친다. 이 지침, 누적되는 피로, 더 이상 무엇을 해볼 수 없음에도 불구하고 기다리는 것에 매달릴 때 존재는 쪼그라든다. 이 쪼그라든 존재에게 '소진'이라는 사태가 덮친다. 이게 사랑이라는 불가능의 가능성 앞에서 제 사랑을 거둘 수 없는 자들이 직면하는 현실이다. 『젊은 베르테르의 슬픔』에서 주인공 베르테르는 사랑의 불가능성 앞에서 제 머리에 총을 쏘아 자살하는데, 그건 제 안의 가능성들과 에너지를 다 소진한 자의 어쩔 수 없는 선택이다. 소진이 불러오는 것은 이미 불가능하다고 결론이 내려진 그것 말고는 모든 존재-사건이 무의미하다는 감정에의 사로잡힘이다. 어떤 불가능성 앞에 무릎을 꿇는 것은 그 자신이 소진된 인간이라는 사실의 실토다. "소진된 인간은 피로한 인간을 훨씬 넘어선다."× 소진된 인간은 어떤 것의 실현에 실패하는 게 아니라 모든 가능성

× 질 들뢰즈, 앞의 책, 23쪽.

들, 실현할 수도 있었던 것들은 물론이거니와 미래의 실현되지 않는 것들까지 소진한다. 소진된 인간은 자기 존재를 부정하며 무(無)의 바다으로 전락한다.

저 베케트의 두 부랑자는 기다림이 무망하다는 걸 깨닫고 난 뒤 "무얼 할까?" "고도를 기다려야지"라는 대화를 주고받는다. 두 사람은 "자, 갈까?" "가자" 하면서도 그 자리에서 꼼짝하지 않는다. 그들은 존재의 부동성에 자신들을 방임한다. 아무것도 도래하지 않는 기다림 속에서 제 존재를 방임하는 것은 살아 있지만 살아 있다고 말할 수 없다. 하지만 베르테르는 아무것도 도래하지 않는 기다림 속에서 먹고 마시며 말하고 움직인다. 가망 없는 기다림 속에서 기다림을 갉아먹으며 연명하는 것이다. 결국 기다림의 불모성, 기다림의 최종적인 불가능성을 확인하고 자신을 파괴한다. 이것은 기다림의 불임성을 향해 터뜨리는 분노이고 저항이지만 다른 한편으로 죽음의 절대성, 죽음의 숭고성으로 제 사랑을 영원히 봉인하는 상징 행위다. "나는 지금 꿈을 꾸거나 헛된 공상을 하는 게 아닙니다! 무덤 가까이에 오니 외려 모든 것이 명료해집니다. 우리는 영원히 함께 있을 겁니다!"× 제 사랑을 영원히 봉인하고 막을 내리는 베르테르의 이야기가 과연 "절대적인 것에 이르는 사랑, 자유에 이르는 죽음, 빛과 어둠의 기로에 선 불안한 젊음의 기록"이라고만 볼 수 있을까? 이것은 역설적으로

× 요한 볼프강 폰 괴테, 『젊은 베르테르의 슬픔』, 안장혁 옮김, 문학동네, 2010, 181쪽.

: 기다림 :

사랑의 소진이 만든 비극을 넘어서서 사랑의 제단에 저를 봉헌
물로 바치는 것, 그리하여 사랑의 영원성을 만천하에 알리는 능
동적 선택이다.

To be alone	혼자
Loving someone	누군가를 사랑한다는 것
Romance	로맨스
Vulgarization	속화
The others	타자
Time	시간
Craziness	광기
Excessiveness	과도함
Face	얼굴
Kiss	키스
Caressing	애무
Waiting	기다림
Longing	갈망

사랑은 '사랑한다'는 말의 가장자리에서 배회한다. '사랑한다'는 말의 발화는 행위나 선택을 배제한다. '사랑한다'는 말은 그렇게 하겠다는 선언이고, 앞으로 올 것에 대한 약속이다. 말의 발화는 그 말이 담고 있는 행위나 선택을 유예한다. 말은 욕망을 지체시키고, 욕망을 가로질러오는 다짐이다. 말과 발화는 대상을 전유하지 못한다. 말은 대상의 부재, 내용이 없는 껍데기일 뿐만 아니라 늘 부재-사태에서만 바글거린다. 말은 행위의 마비다. 롤랑 바르트는 이렇게 말한다. "노래에서와 마찬가지로 '난 널 사랑해'의 발화 안에는 욕망이 억압되지도(언표에서처럼), 인지되지도(우리가 그것을 기대하지 않는 곳, 즉 언술 행위에서처럼) 않는다."[×] 갈망에는 갈망이 없고, '사랑한다'는 말의 발화에는 사랑이 없다.

사랑의 기원을 더듬으면 그 바탕에 부재하는 것에 대한 갈망의 흔적이 흐릿하다. 갈망은 사랑의 본질적 성분이다. 갈망은 욕망의 욕망이며, 더 정확히는 즉각적인 응답이 지연되는 욕망이

[×] 롤랑 바르트, 『사랑의 단상』, 김희영 옮김, 동문선, 2004, 218쪽.

: 갈망 :

다. 소멸하고 영원히 사라지는 것에 대한 저항이고, 마음이 품은 부재의 지점에서 솟구치는 이것, 재현할 수 없는 것을 재현하려는 욕망, 이것에는 노스탤지어가 그렇듯이 과거를 향한 불가능한 욕망이 스민다. 갈망은 늘 지체되는 욕망이며, 가상(假象)의 것이지만 그 지체됨이 우리 삶을 빚는다. 갈망은 현실의 한 부분으로 욕망이 부재하는 자리로 엄연하다. 갈망은 노스탤지어가 그러하듯이 욕망이 부재하는 자리에서 욕망을 낳는 기제로 작동한다. 그렇다면 노스탤지어란 무엇인가? 이것은 "대상 없는 슬픔, 갈망을 만들어내는 슬픔"이고, "반복이 진짜가 아님을 슬퍼하고, 반복을 통해 동일성에 도달할 가능성을 부인하는 반복"이다.* 부재하는 것에 대한 갈망의 신기루가 노스탤지어다. 우리는 초월적인 것이 부재하는 현실에서 수심(愁心)에 빠진다. 이것은 지리적 장소가 아닌 것, 먼 것을 향한 막무가내의 그리움이 깊어져 만든 마음의 병이다. 노스탤지어의 본질은 물질성의 매개가 없는 부재하는 것에 대한 갈망이다. 근원적인 것의 상실과 부재는 필연적으로 삶의 소외와 물화를 낳는다.

신과 피안, 그리고 근원적인 것으로서의 고향을 잃은 이들은 정주(定住)하지 못한 채 떠돈다. 근대 이후 세계는 상징적 실향인들의 세계, 즉 무적자(無籍者), 호모 노마드의 세계로 변한다. 말할 것도 없이 이것은 근본적인 것의 상실에서 비롯되는 사태다.

× 수잔 스튜어트, 『갈망에 대하여』, 박경선 옮김, 산처럼, 2016, 59~60쪽.

"노스탤지어적 유토피아는 인류 타락 이전의 에덴동산이다. 직접 살아낸 경험과 매개된 경험이 하나이며, 진정성과 초월성이 현재형으로 편재하는 태초의 세계다."[×] 오늘의 세계에서 신과 피안을 잃고 타향을 떠도는 것은 인류 보편의 경험이다. 애초에 도시라는 고향 상실자들의 군집체 속에서 태어나는 아이들에게 고향은 '부재하는' 장소다. 목가적 고향을 겪지 못하는 새로운 세대는 피안적인 것의 부재를 내면화한다. 이 부재의 현실 속에서 원초적 갈망은 대상을 잃는다. 이때 타자는 노스탤지어적 유토피아의 새로운 대안이 될 수도 있다. 타자는 태초의 낙원, 에덴동산이 그렇듯이 늘 도달할 수 있는 지점에 있다. 신, 고향, 타자 같은 대상이 부재하는 세계에서 갈망은 단지 갈망을 갈망하는 사태를 빚는다.

사랑하는 이들은 서로를 갈망하는데, 갈망은 내면의 통증으로 생생해진다. 사랑이 불가능해질 조짐을 보일 때 갈망은 더 타오르는 법이다. 금지된 갈망이 지옥의 불보다 더 뜨거운 이유는 그 때문이다. 어떤 연인에게 갈망은 지옥의 불이다. 거세를 당하고 수도원에 유폐된 철학자와 깨어진 사랑의 상처를 안고 수녀원에서 일생을 마친 중세시대의 연인 아벨라르(1079~1142)와 엘로이즈(1101~1164)가 나눈 사랑의 내력은 새로운 비극 서사의 몸을 얻어 부활한다. 사랑은 고귀하지도, 그렇다고 비루하지도 않

[×] 수잔 스튜어트, 앞의 책, 60쪽.

다. 사랑은 에로스의 역동을, 과잉의 정념을 보여줄 뿐이다. 사랑은 장작을 삼키고 연소시키는 갈망의 불길이다. 사랑의 불길은 사랑하는 자들을 덮치고, 무서운 기세로 솟구치고, 번지며, 삼켜버린다. 사랑은 정태적인 게 아니라 역동이다. 사랑은 사랑함이다. 사랑은 통제되지 않으며, 그것을 통제할 수 있는 것은 오직 사랑뿐이다.

스콜라 철학자이자 신학자로 명성을 떨치던 아벨라르는 성당 참사회원의 조카딸인 엘로이즈의 가정교사로 들어간다. 두 사람은 사랑에 빠진다. 이들이 처음 만났을 때 아벨라르는 39세, 엘로이즈는 17세였다. 그러나 나이 차이는 사랑에 아무 문제도 되지 않는다. "우리는 먼저 한 지붕 밑에 자리를 같이했고, 다음에 마음으로 함께한 것이네. 교육이란 구실하에 우리는 완전히 사랑에 몰두했던 것이네. 교육을 한다는 이유로 사랑이 요망하는 별실, 떨어진 방이 제공되었네. 책이 펼쳐져 있었지만, 철학 공부보다는 사랑의 이야기가 더 많았고, 학문의 설명보다는 입맞춤이 더 빈번했으며, 내 손은 나의 책으로 가는 일보다 더 자주 그녀의 가슴으로 갔던 것이네. 사랑은 두 사람의 눈을 교과서의 문자 위를 더듬게 하지 않고 서로의 눈망울 속에 머물게 했네. (중략) 더 이상 무엇을 말하겠는가? 우리는 우리들의 열정으로 사랑의 길을 남김 없이 다 걸었으며, 사랑이 생각할 수 있는 정묘함을 모조리 맛본 것일세."× 사랑은 몸의 현존, 거기 머물러 있음이라는 전제가 있어야 실현이 가능하다.

사랑은 몸이라는 현존을 파먹는다. 사랑은 하나가 아니라 여러 개의 몸을 점유한다. 팔을 뻗어 그/그녀를 만진다. 손은 가슴을 쓰다듬고, 허리를 끌어안으며, 혀와 혀가 엉키고, 입은 입을 삼킨다. 사랑은 몸을 넘어서 간다. 사랑은 몸의 사라짐 너머에서 인지되고 나타나는 것이다. 몸은 몸이 아닌 것, 그것의 바깥에 있는 목소리, 부드러움, 열정, 태도들을 거느린다. 그것들은 몸을 감싼 채 몸의 가장자리를 이룬다. 몸은 사랑의 촉매제가 되기 이전에 먼저 "온갖 상념, 두근거림, 호기심"××을 촉발시킨다. 몸에서 발화한 사랑은 나중에는 그것을 지우고, 그 자리에서 돋아나는 새싹들, 즉 상념, 두근거림, 호기심의 무성함과 더불어 온다. 결론을 말하자면 이들의 연애는 큰 파란을 일으키며 지독한 비극을 낳는다. 아벨라르는 사랑의 대가로 거세당한 채 수도사의 길을 걷고, 엘로이즈는 수녀원에 들어가 수녀로 일생을 보낸다. 엘로이즈는 생을 스쳐간 단 한 번의 사랑을 잊지 못해 "미사의 중간에서도 그 환락의 방종한 환상은 가엾은 내 마음을 완전히 사로잡아, 나는 기도에 전념한다기보다는 수치스런 생각"에 잠긴다고 고백한다. 수도원과 수녀원으로 갈라선 두 사람은 과거를 회상하고, 수도자로 살아가는 나날의 느낌과 마음에 남은 과거 사랑에 대한

× 아벨라르·엘로이즈, 『아벨라르와 엘로이즈』, 정봉구 옮김, 을유문화사, 2015, 32쪽.
×× 롤랑 바르트, 앞의 책, 108쪽.

: 갈망 :

회한을 술회하는 편지를 주고받는다. 아벨라르가 죽은 지 22년 뒤 엘로이즈가 죽는다. 두 사람은 사후 한 무덤에 합장되었다. 이 사랑 이야기는 문학작품으로 거듭나는데, 특히 루소의 소설 『신 엘로이즈―알프스 기슭의 작은 마을에 사는 두 연인의 편지』로 세상에 널리 알려졌다.

　　아벨라르와 엘로이즈의 경험이 보여주듯 사랑은 덧없이 깊어져서 수렁을 이룬다. 사랑에 빠진다는 것은 수렁에 빠짐과 동일시되는 체험이다. 사랑이 수렁이라면 그것은 항상 저항하는 주체의 힘과 의지를 넘어선다. 그 수렁에서 발을 빼려고 몸부림치면 발은 더 깊이 빠져들어간다. 사랑은 갈망이자 욕망이고, 추락이자 죽음이다. 자, 여기 사랑의 수렁에 빠진 가엾은 영혼이 있다. "어딜 가나 그녀의 모습이 나를 따라다니네. 잠들어 있거나 깨어 있거나 내 영혼을 온통 사로잡는다네! 두 눈을 감으면 여기, 내면의 시력이 모이는 머릿속에 그녀의 검은 눈동자가 어른거리네. 바로 여기지! 어떻게 설명해야 할지 모르겠네. 어쨌든 눈을 감는 순간 그녀의 모습이 나타난다네. 바다와도 같이 심연과도 같이 그녀의 모습이 내 앞에, 내 안에 스며들어서는 나의 머릿속을 장악해버린다네."× 우리는 사랑하기에 수렁에 빠지고, 베르테르가 그랬듯이 사랑을 영원 속에 봉인하기 위해 스스로 자기를 파괴한다. 베르테르는 괴로워하는 자, 도망가지 못하는 자, 미쳐버린

× 괴테, 앞의 책, 143쪽.

자다. 그는 도망가지 못하고 수렁에 빠져 허우적거린다. 베르테르는 두 번 죽는다. 아벨라르와 엘로이즈도 마찬가지다. 진짜 죽기 이전에 먼저 존재의 소진이라는 뜻에서 죽는다. 그들은 살아 있지만 걸어다니는 것은 얼이 빠진 그의 그림자다. 사랑은 상상계에서 이루어지는 "거짓 장례, 공소 기각"×이다. 아벨라르와 엘로이즈는 사랑에 관한 한 그 자신이 피의자이고 심판하는 법관이다. 그들은 사랑 속에 스스로를 가두고, 제 사랑을 스스로 공소 기각한다.

× 롤랑 바르트, 앞의 책, 27쪽.

To be alone	혼자
Loving someone	누군가를 사랑한다는 것
Romance	로맨스
Vulgarization	속화
The others	타자
Time	시간
Craziness	광기
Excessiveness	과도함
Face	얼굴
Kiss	키스
Caressing	애무
Waiting	기다림
Longing	갈망
Marriage	**결혼**

사랑은 오고 가는 것이고, 누군가와 주고받는 것이다. 오고 가는 것이니, 온 것은 가고 간 것은 돌아온다. 주고받는 것이니, 항상 주고받음 속에서 불공정과 비대칭성이 노정된다. 사랑에 몰입되어 있을 때는 문제가 되지 않지만 사랑이 식으면 계산의 시간이 들이닥친다. 준 것과 받은 것을 합하고 빼는 결산을 하고, 치사하지만 그 차액에 대한 배상을 상대에게 요구한다. 사랑이 종말에 이르렀다는 신호다. 준 것과 받은 것을 계산하는 커플은 곧 사랑의 종말을 맞는다. 그러나 연인 사이에서 '계산'의 유익함이 아주 없는 것은 아니다. 계산은 사랑의 진실성과 그 밀도를 비은폐적 차원으로 드러나게 한다. 그가 나를 위해 바친 시간과 돈, 선물 따위를 가치로 환산할 때 사랑의 진실성과 밀도가 드러난다. 사랑의 밀도가 그 총합을 넘어서는 경우란 거의 존재하지 않는다. 현재진행형인 사랑에서 선뜻 '중간 계산'을 해보려는 사람은 드문데, 그것은 진실의 액면과 마주치는 게 두렵기 때문이다. 무의식에 있는 진실 회피의 욕망이 그것을 한없이 유예한다. 혼자서 '중간 계산'을 해보았다면, 제 사랑을 의심하고 있다는 증거다. 결혼은 여러 번 해본 중간 계산의 결과일지도 모른다. 연애가 빚는 손실보다 결혼의 이득이 더 크다고 판단될 때 결혼이 진지하게 고려되기 시작하는 것이다.

결혼은 두 줄기 강물이 합수해서 한 줄기로 흐르는 것이다. 이것은 하늘과 땅의 합침이고, 물과 불의 합침이며, 금과 은의 합침이고, 대지와 바람의 합침이다. 두 개의 극(極), 두 개의 성(性), 우주를 이루는 두 개의 본질, 즉 음과 양의 만남이다. 누군가는 사랑이 꽃이라면 결혼은 잡초라고 말하지만, 결혼은 숭고한 사랑을 세속 제도 속에 우겨넣는 일이 아니다. 많은 벗들과 친지들이 모여 두 사람의 결혼을 축복한다. 결혼식에서 남자와 여자는 사랑의 언약을 상징하는 결혼반지를 나눠 끼는데, 이는 서로에게 사랑의 의무가 있다는 징표다. 인생의 날들은 좋은 날과 나쁜 날로 이루어진다. 결혼한 두 사람이 좋은 날에는 그 좋음을 함께 누리고, 나쁜 날은 힘을 합쳐서 극복해야 한다는 뜻이다. 결혼은 분리된 채 먼 곳을 떠돌던 두 영혼이 하나로 합쳐서, 다른 개성과 다른 시간 속에 살던 두 사람이 영혼의 공동체를 이루며 사는 것이다. 따라서 결혼은 서로의 다름을 받아들이고 용납하며, 아끼고 사랑하며 살아가는 의무를 지우는 것이다. 함께 먹고 마시며 즐거워하되, 서로에게 미소 짓는 일에 인색해서는 안 될 일이다.

결혼으로 연애는 종말을 맞고, 사랑은 사적 영역에서 공적 영역으로 이동한다. 결혼은 생물학적 결합이자 가문의 결합이다. 둘만의 사랑에 여러 사람이 끼어들고, 시민사회의 법과 풍속이 개입하면서 사적 관계는 불가피하게 공공화된다. 둘의 관계가 시민사회의 법적 구속력 안으로 들어간다는 의미다. 그에 따라 사적 삶의 원리로 작동하던 사랑이 변화의 국면을 맞을 수밖에 없다. 연애 감정은 잦아들고 그 자리에 생활의 책임과 의무가 바글거린다. 결혼은 공적 현안들을 품어 안으며 감정 생활에 크고 작은 영향을 미친다. 더러는 이런 변화에 실망하고 그 실망감이 커지면서 결혼에 대한 회의와 환멸로 이어진다. 이렇듯 두 사람을 결합시키고 여러 난관을 극복하며 결혼에 이르게 한 힘이었던 연애 감정은 양날의 칼과 같다. 그것은 결합의 힘이자 결합을 깨는 파괴적 힘이다. 연애의 이중성은 결혼생활 중에 불쑥불쑥 나타난다. 그것은 "현대 가족의 원동력이자 가족을 약화시키는 원동력"이고, "결합의 주요 동기이면서 이혼의 중요 동기"다.[×] 오로지 연애 감정의 부추김에 의해 숨가쁘게 달려와 결혼에 이른 커플은 이것 뒤에 숨은 파괴성을 미처 깨닫지 못할 수가 있다. 분명 연애 감정은 갈등과 문제의 해결책이자 또 다른 문제를 파생시키는 요소다.

결혼은 성의 배타적 독점 권리를 보장한다. 결혼으로 성적 욕

× 뤽 페리, 『사랑에 관하여』, 이세진 옮김, 은행나무, 166쪽.

: 결혼 :

망과 충동에 휘둘리지 않을 수 있는 발판을 마련할 수 있다. 그런 까닭에 결혼은 사랑이 정서적·정신적 자원을 쓸데없이 유실하지 않은 채 머물 수 있는 내적 정박지다. 일부일처제 결혼이라는 제도가 확고하게 유지되는 사회에서 결혼이 강제하는 성의 배타적 독점 전략은 남성에게 유리한가, 아니면 여성에게 유리한가. 에바 일루즈는 "여성의 배타적 독점 전략은 종속성과 성관계와 권력관계의 불평등이 낳은 결과"라고 이해한다. 아울러 "섹스의 배타적 독점 전략을 따르는 여인은 남편을 향한 성적 취향보다는 번식 성향에 더 강한 동기를 가진" 것으로 받아들이며, "일부일처의 가정생활이라는 제도화의 틀 안에서 엄마 노릇을 하고자 하는 여인들에게서 주로 찾아 볼 수 있다"고 지적한다.[x] 자본주의 초기 단계에서 성차별 관습이 고착되고 저임금 일자리에 배치되던 여성들은 경제적 약자일 수밖에 없다. 이런 여성이 처한 열악한 조건에서 지위가 높고 경제력을 가진 남자와의 결혼은 안정적 삶을 위한 불가피한 선택일 수밖에 없었다. "결혼[은] 여성의 사회적인 생존과 지위 확보의 결정적 무대"였으니까. 결혼이 이토록 사회적 생존에 절대적인 영향을 미치게 되자 많은 여성들이 "감정영역으로서의 결혼"에 과잉의 투자를 해야만 했다.[xx]

연애하는 동안에 연인들은 끊임없이 흔들린다. 연애의 일렁이는 불안정성에 견주자면 결혼은 보다 단단한 사회적 토대 위

---

x 에바 일루즈, 『사랑은 왜 아픈가』, 김희상 옮김, 돌베개, 2013, 149쪽.
xx 에바 일루즈, 앞의 책, 154쪽.

에 세워지는 관계다. 연애가 이해, 의사소통, 보살핌이 작고 내밀한 반경 안에서 이루어진다면 결혼은 상대적으로 그 사적인 작은 반경을 허물고 사회와 국가와 같은 법적·공적인 틀 속에서 관계를 재구축한다. 울리히 벡·엘리자베트 벡 게른스하임의 『사랑은 지독한, 그러나 너무나 정상적인 혼란』에서 결혼에 대한 의미심장한 고찰을 읽을 수 있다. 결혼은 사적으로 써나가던 두 사람만의 역사에서 큰 변화를 예고한다. 사적인 연애에 새로운 의미를 더하며 사회적 구조 속으로 편입시키는 것이다. "결혼은 '현실의 사회적 설계'에서 중심 요소가 되어왔다. 한 남자와 한 여자는 함께 살아가면서 사소한 가정사로부터 세계 정치의 거대한 사건에 이르기까지 모든 것에 대해 공유된 태도와 의견과 기대의 우주를 세우게 된다. 그것은 언어적 혹은 비언어적 대화에서, 습관이나 경험의 공유에서, 자기의 다른 반쪽과 자기 사이의 끊임없는 상호작용에서 개발된다."ˣ 결혼을 하면서 두 사람은 사랑에서 사회의 동반자 관계로 이동한다. 연애할 때와 결혼생활 중의 사랑방정식은 달라질 수밖에 없다. 결혼은 습관과 경험을 공유하고, 자기와 다른 반쪽 사이의 상호작용을 이어가는 것이다. 결혼관계에서 사랑은 법적 책임과 의무로 강제되는데, 강제되는 사랑은 관계를 메마르게 만들 수가 있다. 사랑은 자발적이어야 한다. 이상적인 결혼 관계란 각자 영혼의 성장을 이루면서 둘이 근원을 찾는 순례자로 살아가는 것이다. 어느 한쪽이 일방적으로 상

ˣ 울리히 벡·엘리자베트 벡게른스하임, 『사랑은 지독한, 그러나 너무나 정상적인 혼란』, 강수영·권기돈·배은경 옮김, 새물결, 1999, 101~102쪽.

대의 에너지와 잠재력에 기대거나 이를 착취해서는 안 된다. 두 사람은 상호 영향을 미치며 함께 가는 반려(伴侶)이고, 함께 그 본질을 찾아가는 동반자여야 한다. 한쪽이 너무 빨리 가서도 안 되고, 한쪽이 너무 늦게 가서도 안 된다. 서로 속도와 리듬을 맞추며 가야 멀리 갈 수 있다.

결혼은 따로따로 살던 남녀가 고립과 외로움의 지긋지긋함을 회피하고 도주하는 행위다. "사랑은 외로움의 대안이며, 따라서 반(反)개인적이다."× 결혼은 본질에서 외로움의 회피이고 그것을 이루기 위한 사랑의 약속이다. 결혼하는 이들은 영원히 함께 살자는 사회적 구속력을 갖는 약속으로, 고립과 고독에서 도주해 관계의 제도 안으로 자발적으로 들어간다. 이 약속을 공중 앞에서 공표하고 서약을 공공화하는 의식이 결혼식이다. "그래서 결혼 약속은 신랑과 신부를 미래, 상대방, 증인이라는 세 가지 축에 구속시킨다."×× 연애는 쉽게 깨질 수 있지만, 세 가지 축으로 구속된 결혼 관계는 연애보다 공고하다. 결혼은 감정을 공유하는 공동생활에 충실하겠다는 약속의 기반 위에서 정서적 공동체를 이루는 일이다. 거기에 더해서 새 경제적 토대를 구축하는 관계 속으로 진입하는 것이다. 결혼하고 난 뒤 사람들은 오직 둘만을 위한 독단주의 경제로 연대할 수밖에 없다. 수고와 일을 통해 자산을 증식하는 일에도, 그것을 어떻게 써야 하는지도 함께

× 울리히 벡·엘리자베트 벡 게른스하임, 앞의 책, 327쪽.
×× 로버트 롤런드 스미스, 『이토록 철학적인 순간』, 남경태 옮김, 웅진지식하우스, 2014, 190쪽.

논의하고 결정해야 한다. "좋든 싫든 결혼은 낭만적 관계인 동시에 경제적 관계이기도 하다. 자본의 공유와 분할을 포함하며, 양측에 부를 증식할 기회를 부여하기 때문이다."[x] 결혼으로 맺어진 남녀는 경제적이고 사회적인 생존을 위해 협력하는 관계로 연대한다. 그것은 결혼이 부과하는 암묵적으로 동의한 도덕적 의무이고, 사회적 책임이다. '죽음이 두 사람을 갈라놓을 때까지' 함께한다는 결혼의 서약은 그 책임과 의무를 무한대에 가까운 하중의 것으로 바꾼다. 그러나 수많은 결혼들이 그 무거움을 감당할 수 없기 때문에 '죽음이 두 사람을 갈라놓기' 전에 깨져버린다.

결혼 관계는 갈등이 파생할 여지가 항존한다. 그 갈등에는 원인이 있을 텐데, 그 원인의 첫 번째 요인은 사랑의 중력이다. "커플 사이에 중력이 끼어들면, 어느 한쪽이 다른 쪽보다 더 많이 요구하고 더 많이 사랑하면, 끊임없이 상대의 보답을 요구하느라 이 '사랑의 잉여분'이 중력으로 작용합니다. 대개 여기서부터 갈등이 시작되지요."[xx] 어느 커플이나 사랑에는 온도차가 있고, 더 많이 사랑하는 사람과 덜 사랑하는 사람 사이의 비대칭성이 필연적으로 나타난다. 이것이 중력으로 작용하면서 갈등을 빚는다. '사랑의 잉여분'으로 말미암아 차이의 내재성이 겉으로 불거지며 관계가 파열하고 매듭이 풀린다. 갈등을 봉합하지 못한 채 깨져 갈라서는 연인들이 합리적인 이성에게 판단을 구하는 게 아니

[x] 로버트 롤런드 스미스, 앞의 책, 192쪽.
[xx] 뤽 페리, 앞의 책, 69쪽.

라 격렬한 감정에 맡기는 것은 이상한 일이다. 우리는 왜 주관적이고 비합리적인 감정에 그 중요한 결정을 맡기는 것일까? "역설적이게도 연인들은 두 사람의 관계에 대해서는 모든 것을 결정할 수 있지만 결정을 내리는 양식은 결정할 수가 없다. 그들 자신이 이 양식을 체화하고 있고, 따라서 그들을 대신해 그들의 감정이 결정하기 때문이다."× 역설적이게도 양측이 꿋꿋하게 '진실되기'를 고착시키려 할 때 관계가 훼손되고 깨져버리는 사태가 일어난다. 사랑하는 사람들은 서로에게 '진실되기'를 바라고, 이 진실됨의 토대 위에서 관계를 발전시키며, 그 결과로 결혼에 이른다. 하지만 두 사람을 신뢰로 묶던 이 '진실되기'가 결혼 관계 안에서는 숨어 있던 갈등을 수면 위로 떠오르게 하는 요인이다. "진실되기란 다르다는 것을 내포하는 것임이 드러나며, 서로 갈등하는 진실들이 부상한다. '아주 정직해지는 것', '자기 감정에 충실한 것'이 갑자기 끝장내기, 다시는 얼굴을 보지 않는 것을 뜻하게 되는 것이다."×× 그렇다면 결혼은 언제 깨지는가. 자신들의 사랑이 진실이 작동되는 방식에 기반하기를 원하면서도 정작 진실이 작동되면서 초래하는 결과를 받아들일 준비를 하지 않을 때 결혼은 파탄난다. 사람들은 결혼 관계가 진실이 작동되는 방식에서가 아니라 어느 정도 거짓과 과장, 허영과 고결한 사기가 허용되는 한에서 그 결합 관계를 유지한다는 진실을 회피한다. 오늘날의 결혼은 유동성 위기에 빠진 상태다. 이혼은 유동성의 위기에

× 울리히 벡·엘리자베트 벡 게른스하임, 앞의 책, 321쪽.
×× 울리히 벡·엘리자베트 벡 게른스하임, 앞의 책, 331쪽.

서 파생한다. 결혼이 그렇듯이 이혼 역시 낡은 관행이다. "새롭기는커녕 이혼은 현대적 사고방식의 전형을, 즉 존재하는 것은 우리의 지평 위에 있는 다른 모든 것처럼 취소될 수 있고 변화될 수 있다는 사고방식의 전형을 보여줄 뿐이다."[×] 결혼은 그것의 불완전성 내부에 자기파괴적인 역설과 모순들을 품고 있다. 그래서 결혼을 유지하는 것은 대단히 어렵다.

사랑은 늘 사랑의 배고픔을 느끼게 한다. 왜 그럴까? 사랑이 두 얼굴을 가졌기 때문이다. 사랑은 놀라운 기쁨의 원천이자 최악의 외로움을 낳는다. 사람들은 외로움을 피하려고 결혼으로 달려가지만 결혼이 외로움의 올바른 대안이 아니라는 사실은 금방 드러난다. 결혼한 이들의 입에서 이런 팍팍하고 쓸쓸한 고백이 나오는 것은 드물지 않다. "저는 외로웠어요. 하지만 그게 외로움인 줄 몰랐어요. 내 인생에 하나뿐인 사랑과 결혼했는데 어떻게 외로울 수가 있어요? 일주일에 한 번 혹은 그보다 적게 섹스를 하는 것이 일상이 되었어요. 변화도 없었고 정신적, 정서적 보상도 없었어요. 오로지 육체적인 즐거움뿐이었죠."[××] 많은 부부들이 아무 정신적·정서적 보상도 없는 메마른 결혼생활에 방치된 채 각자 불평과 불만을 쌓아간다. 외로움은 머지않아 정서적 황폐화로 이어진다. 그러다가 결혼생활은 작은 위기의 빌미만으로도 좌초를 한다. 그러니 외로움의 대안으로 결혼하려는 것은 어

[×] 울리히 벡·엘리자베트 벡 게른스하임, 앞의 책, 255쪽.
[××] 대이나 애덤 샤피로, 『어느 날 우리는 돌아눕기 시작했다』, 이영래 옮김, 중앙m&b, 2013, 252쪽.

리석은 일이다. 외로움을 감당할 준비가 되어 있지 않다면 결혼을 하지 않는 게 올바른 선택이다.

사랑으로 자유를 속박하는 사람들이 없지 않지만 진정한 사랑은 좋은 것을 아낌없이 준다. 사랑한다면 자유를 상대에게 기꺼이 주어야 한다. 자유는 결혼이라는 나무가 자라도록 그 나무의 밑둥에 주는 물이다. 저 중동의 한 위대한 시인의 통찰에서 결혼의 의미는 번쩍이며 나타난다. "서로 사랑하라, 허나 사랑에 속박되는 말라. / 차라리 그대들 영혼의 기슭 사이엔 출렁이는 바다를 놓아두라. / 서로의 잔을 채우되, 어느 한편의 잔만을 마시지는 말라. / 서로 저희의 빵을 주되, 어느 한편의 빵만을 먹지는 말라. / 함께 노래하고 춤추며 즐거워하되, 그대들 각자는 고독하게 하라. / 비록 하나의 음악을 울릴지라도 저마다 외로운 기타줄들처럼."ˣ 사랑하되 그 사랑에 속박되지는 마라. 서로의 빵을 주되 어느 한편의 빵만을 먹지는 마라. 둘이 서 있되 지나치게 붙어 있지는 마라. 참나무와 사이프러스나무도 서로의 그늘 속에선 자랄 수 없을 테니까. 결혼이란 그런 것이다.

ˣ 칼릴 지브란, 『예언자』, 강은교 옮김, 문예출판사, 2000, 25~26쪽.

To be alone	———————————————	혼자
Loving someone	———————	누군가를 사랑한다는 것
Romance	———————————————	로맨스
Vulgarization	—————————————	속화
The others	———————————————	타자
Time	———————————————	시간
Craziness	———————————————	광기
Excessiveness	—————————————	과도함
Face	———————————————	얼굴
Kiss	———————————————	키스
Caressing	———————————————	애무
Waiting	———————————————	기다림
Longing	———————————————	갈망
Marriage	———————————————	결혼
Ephemerality	———————————	덧없음

욕망과 소량의 호르몬이 만드는 예측불허의 소동, 감각의 착종에서 빚어진 소란스런 사태, 이게 사랑이다. 사랑에 빠진 자에게 이성의 냉정함을 구하는 것은 어리석다. 사랑의 격렬함은 사실 욕망의 격렬함에 지나지 않는다. 그 격렬함이 무미건조한 일상을 비틀고 굉음을 내지르며 예기치 않은 방향으로 나아가게 한다. 삶은 항상 자기가 원하는 방식대로, 자기가 원하는 방향으로 나아가는 것만은 아니다. 치명적인 사랑은 삶을 크게 뒤틀어 버린다. 더러는 사랑이 아주 나쁜 방식으로, 최악의 방향으로 삶을 몰아간다. 사랑이 초래한 파멸적인 결과들은 사랑이 항상 원하는 방식으로 나아가지 않는다는 깨달음과 함께 기겁하게 만든다. 『위대한 개츠비』는 단순화하면, '위대한' 사랑의 이야기가 아니라 보잘것없는 한 남자의 반(反)영웅 서사다. '어디도 아닌 곳에서 온 아무것도 아닌' 남자가 '남쪽 백인 소녀'의 화신인 평범한 여자에게 반해 불에 뛰어드는 부나비같이 그 환상을 좇다가 파멸하는, 인생의 환멸과 불가해한 덧없음의 이야기다. '닉'이라는 일인칭 관찰자가 보고 겪은 개츠비에 대해 회고하는 형식이다. 허세로 가득찬 개츠비의 사랑 이야기는 '재즈의 시대'라고 명명한 1920년대 뉴욕이 그 배경이다. 사랑과 파멸의 이야기일 뿐만 아니라, 성공에 목매는 사람들의 욕망이 피어나는, 화려함과 위험, 그 이면에 외로움이 공존하는, 돈과 명성과 성공이라는 '신'을 향해 치닫는 사람들로 가득 찬 뉴욕의 이야기이고, 허세와 범죄와 속임수들이 활개를 치고, 밤이 되면 날것이 되는 벼락부자와 할리우드 스타들이 환락에 취해 살던 '재즈의 시대'에 관한 인류학적 보고서다. 롱아일랜드 해협의 부유층이 사는 동네에 자리잡은 담쟁이덩굴로 휘감긴 거대한 성, 개츠비의 저택에서는 날마다 파티가 벌어진다. "언젠가 나는 그해 여름 개츠비의 집에 온 사람들의 이름을 열차 시간표 여백에 썼다. 아직도 회색으로 바랜 그 이름들을 읽을 수 있다. 개츠비에게 후한 대접을 받았으면서도 그에 대해 아는 것은 아무것도 없다며 미묘한 헌사를 바친 사람들의 이름이니 나로서는 좋아할 수 없다. 아마 이름만 아는 당신이 나보다는 그 사람들에게 좋은 인상을 가지리라." 개츠비가 죽고 저택을 밝히던 불들이 꺼지면서 성대한 파티도 환상이 사라지듯 끝난다. 온갖 사람들이 몰려들어 술과 춤에 취해 즐기던 파티의 시간이 끝나고 거대한 공허가 개츠비의 저택을 삼켜버린다. '위대한' 개츠비의 성공과 몰락의 서사는 1920년대 과시적 소비로 흥청거리던 뉴욕을 대공황이 삼켜버리고 들뜬 채 흥청거리던 욕망들이 한 순간에 냉각될 것을 앞질러 보여준 신호였다.

　　모린 코리건은 이 소설이 1920년대 뉴욕에서 처음으로 출현한 하드보일드 장르의 요소들을 품고 있다고 지적한다. "암흑가, 거친 사내들의 용어, 과거에 대한 집착, 폭력, 결국 파국을 맞을 운명임을 깨닫는 감각, 보이스오버 형식의 내레이션, 익사."× 1919년 늦겨울에서 1924년 봄까지 뉴욕을 중심으로 살았던 피츠제럴드는 천부의 감각으로 하드보일드라는 이 '흑마술'을 빨아들여 제 소설에 반영한 것이다. 어쨌든 『위대한 개츠비』는 한 남자가 겪는 아이러니한 운명에 대한 이야기 그 이상이다. "1920년대 끝자락에 일어날 국가적 '난관'에 대한 이야기다."×× 개츠비는 "높이 뛰며 황금 모자로 구름을 스친 재즈 시대의 이카로스"이고, 피츠제럴드는 "시대의 분투하는 영혼과 개츠비의 마음속 야망 양쪽에 정확히 들어맞는 시"를 직관적으로 찾아낸다.×××

　　개츠비가 사랑했던 데이지는 어떤 여자인가? 그 여자는 그저 허영에 물든 평범한 여자다. 사랑은 그 대상의 실체와는 무관하게 이루어진다. 누군가 타자를 사랑할 때 대개는 그가 가진 '미'라는 상징자본의 매력에 이끌린다. 그/그녀의 빛나는 피부, 대칭과 조화를 이룬 이목구비, 윤기나는 머리칼, 길고 하얀 목덜미, 예

× 모린 코리건, 『그래서 우리는 계속 읽는다』, 진영인 옮김, 책세상, 2016, 198쪽.
×× 모린 코리건, 앞의 책, 190쪽.
××× 모린 코리건, 앞의 책, 109쪽.

쁜 얼굴, 미소와 상냥함 따위가 우리 마음을 끄는 상징자본들이다. 분명한 것은 있는 그대로의 타자를 사랑하는 것이 아니라는 점이다. 우리는 사랑하기 위해 기대하고 욕망하는 바에 따라서 타자를 빚는다. 마르셀 프루스트는 "사람들은 그들에 대해 우리가 가진 생각으로서만, 우리에게 존재한다"[*]라고 말한다. 타자는 그 외모는 물론이거니와 성격과 취향까지도 우리 욕망이 투사되어 빚어진다. 타자의 이상화라는 전략 속에서 허구적 타자가 나타나는데, 타자의 평범함에 상상과 환상이 더해지면서 타자는 매력적이고 신비한 존재로 거듭난다. 사랑은 우리 욕망이 만든 거대한 환상에 갇힌다. 대상에 환상을 덧씌워보는 것은 '눈꺼풀에 콩깍지가 씐 상태'이기 때문이다. 같은 대상을 바라볼 때 사랑에 빠진 자가 보는 것과 그렇지 않은 사람이 보는 것에 차이가 있다. 사랑이 식으면 눈꺼풀에 씐 콩깍지가 떨어진 뒤 우리는 있는 그대로의 타자를 볼 수가 있다. 그때 우리가 타자의 상징자본으로 보았던 것들이 끔찍한 속임수에 지나지 않았음을 깨닫는다. 사랑이 식은 뒤 사랑은 배신감과 환멸의 근거로 변한다. 그래서 사랑의 뒤끝은 지저분하고 너절할 뿐만 아니라 더러는 살인과 폭력이라는 끔찍한 사태를 불러온다. 애초에 타자를 갈망함이라는 불타오르는 욕동이 없었다면 사랑이라는 마법은 생기지 않았을 것이다.

× 이성복, 『프루스트와 지드에서의 사랑이라는 환상』, 문학과지성사, 2004, 49쪽에서 재인용.

개츠비와 데이지는 소설의 절반쯤에서 재회한다. 닉의 초대로 데이지가 차를 마시러 오고, 개츠비는 우연을 가장해 닉의 집으로 온다. 정원에 있는 "빗방울이 뚝뚝 떨어지는 헐벗은 라일락 나무"와 어울리는 라벤더색 삼각 모자를 쓰고 한껏 격식을 갖춰 차려 입은 채 닉의 집 거실에 와서 데이지를 기다린다. 데이지가 도착하자 개츠비는 허둥지둥 거실 뒷문으로 달아나 비를 흠뻑 맞은 채 다시 돌아와 닉의 집 현관문을 두드린다. 처음으로 닉의 집을 방문한다는 듯이. "개츠비는 죽은 사람처럼 창백한 얼굴로 두 손을 코트 주머니에 찔러 넣은 채 빗물이 고인 웅덩이에 서서 비통하게 내 눈을 바라보고 있었다." 개츠비는 오직 데이지를 재회할 일념에서 야망을 품고 성공을 향해 달려온 사람이다. 그 꿈이 이루어질 순간 죽을 듯한 긴장감이 그를 덮친다. 그는 "죽은 사람"인 듯 창백한 얼굴로 현관문을 열어주는 닉의 눈을 "비통하게" 바라본다. 죽은 사람의 얼굴인 듯 핏기가 가신 개츠비의 얼굴은 그의 환상이 옛 애인을 얼마나 신비하고 비현실적인 존재로 빚어냈는가를 엿보게 한다. 사랑은 그/그녀와 함께 보낸 시간을 기쁨의 광휘로 감싼다. 사랑은 그 당사자의 감정에 음영을 더해서 그 전에 경험하지 못한 걸 경험하도록 만든다. 찬란한 순간들은 더 찬란해지고 슬픈 것들은 더 슬퍼지는 것이다. 익숙한 유행가 한 줄에도 예기치 않은 감동을 받아 눈물을 주르륵 흘린다. 사랑하는 이들은 크건 작건 방향상실의 느낌 속에서 감정의 격동

: 덧없음 :

과 환희, 그리고 혼란을 겪는다. "사랑은 영혼을 건드리고 교란시켜 재편하기 때문이다."ˣ 그/그녀의 마음속으로 마치 길 잃은 자와 같은 처지에 놓인 듯 불안과 당혹감이 스며든다. 사랑에 빠진 자는 불안정한 심리 상태에서 혼란을 앓는다.

개츠비는 파멸한다. '아무것도 아닌' 여자의 마음을 얻기 위해 평생을 내달리고, 욕망의 대상을 손에 쥐기 직전 모든 게 뒤틀리면서 무너진다. 모든 것은 물거품으로 돌아간다. 이 소설의 마지막 단락 즈음에 나오는 문장을 보자. "개츠비는 녹색의 불빛을 믿었다. 해가 갈수록 우리 앞에서 멀어지는, 결정의 순간과 같은 미래를 믿었던 것이다. 그때는 그것이 우리한테서 달아났다. 하지만 무슨 상관인가─내일은 우리가 더 빨리 달리고, 더 길게 팔을 뻗으면 된다." 어느 맑은 아침에 개츠비는 수영장에서 죽음을 맞는다. 더 길게 팔을 뻗으면 붙잡을 듯 가까운 거리에 있는 데이지 네 집 건너편에서. 개츠비가 좇은 것은 데이지가 아니라 그녀의 표상, 자기가 빚어낸 환상 그 자체다. 환상은 항상 사랑의 가장 중요한 성분이다. 환상은 사랑의 중요 성분이자 그것을 깨고 부수는 성분이다. 해협 건너에서 반짝이는 데이지 네 선착장 끝 "녹색 불빛"을 하염없이 바라보던 개츠비는 이제 여기에 살지 않는다. "녹색 불빛"은 개츠비가 꿈꾼 미래이자, 그가 욕망한 사랑과 몽환적 꿈으로, 그리고 가닿을 수 없는 불가능의 위치를 알리는

× 로버트 롤런드 스미스, 『이토록 철학적인 순간』, 남경태 옮김, 웅진지식하우스, 2014, 176쪽.

신호로 반짝인다. 그 불가능한 것을 손에 쥐려고 달리고, 달리고, 더 빨리 달려온 개츠비는 소진되고 무너진다. 개츠비는 그것을 거머쥘 수 없다는 사실을 알았을까? 알았지만 그 자신도 어쩔 수 없었을 것이다. 이쪽에서 저쪽의 "녹색 불빛"을 하염없이 바라보던 자는 제 집의 수영장 바닥으로 가라앉아 숨을 거둔다. 해협 저 너머에서 반짝이는 "녹색 불빛"은 아무 의미도 없어진다.

영화 〈봄날은 간다〉(허진호 감독, 2001)는 소년의 연애를 다룬다. "상우의 연애는 소년의 연애다."× 소년의 영혼은 흠 없는 영혼이다. 사랑의 실패를 겪은 적이 없고, 그러니 사랑의 상처도 없다. 상우(유지태)는 한때 사랑했으나 마음이 돌아선 여자(이영애)에게 "사랑이 어떻게 변하니?"라고 따진다. 이 대목이 인상적인 것은 처음 사랑을 겪는 순결한 영혼의 천진한 물음 앞에 사랑에 크고 작은 상처를 입은 사람들을 불러 세우는 까닭이다. 상우의 물음은 본질에의 소환이다. 영화는 관객들을 사랑은 영원히 변해서는 안 된다는 낭만적 연애의 정언적 명령과 마주 세운다. 청년은 사랑이 변해서는 안 된다고 굳게 믿지만 사랑은 변한다. 사실을 말하자면, 변하는 것은 사랑이 아니라 사람이다. 사랑의 굳은 맹세는 물러지고, 많은 연인들이 등을 돌려 제 갈 길을 간다. 사랑을 끌어가는 동력은 본능, 충동, 욕망이다. 사랑은 살아 있는 사람의 일이고, 정념이 부양하는 생물이다. 사랑이 생물인데 어떻

× 강유정,『사랑에 빠진 영화 영화에 빠진 사랑』, 민음사, 2011, 67쪽.

게 변하지 않을 수 있는가. 사랑도 사람도 쉬이 변한다.

　『위대한 개츠비』에서 데이지는 쉬이 변한다. 개츠비가 갈망하면서 사랑이라는 무대에 자신을 봉헌한다면, 데이지는 끊임없이 사라지면서 부재하는 신으로 군림한다. 데이지의 부재 영역이 커질수록 개츠비는 초조해하며 제 갈망을 더 키운다. 개츠비와 데이지의 갈망/부재 사이에 생긴 이 비대칭성으로 말미암아 개츠비는 내팽개쳐진 자, 유보된 자로 전락한다. 반면 데이지는 '특별'해진다. 과연 데이지는 특별한 존재일까? 데이지는 개츠비에 의해 성화(聖化)된 존재일 뿐이다.[x] 사랑하는 대상을 둘러싸는 광휘는 사랑에 빠진 자의 감정이 만든 신기루다. 데이지 역시 그저 평범한 '상류층' 여자에 지나지 않는다. 그녀는 개츠비를 버리고 '상류층'의 삶으로 쉬이 돌아가버림으로써 개츠비에게 아무 미련이 없음을 드러낸다. 개츠비가 사랑하는 것만큼 사랑을 받지 못하는 것은 이 관계가 비대칭적이고, 부박하기 때문이다. 데이지가 제 감정과 욕망에 따라 변심할 때 그 사랑은 부박함으로 현실 위로 흐느적이며 떠간다. 개츠비는 사랑을 몰랐기 때문에 파멸에 이르고 만다. 가엾은 개츠비, 어리석은 개츠비!

---

[x] '성화'는 프로이트가 말한 사랑하는 이들에게 나타나는 대상의 '이상화'와 같은 개념이다. 이상화는 대상에 과잉된 가치와 의미를 부여하는 행위다. 이상화는 주로 사랑의 초기에 집중해서 일어난다.

인간은 집을 짓고, 서로를 사랑하며, 곡식을 기르고, 길을 만들며, 무리 지어 국가와 사회를 이루고, 문명을 건설한다. 지구에는 2백여 개의 주권 국가가 들어서고, 74억이 넘는 인간들이 붐빈다. 현재 인간은 유전자 변형 기술, 나노 기술, 인공지능 로봇의 기술 등 전에 없는 새로운 테크놀로지들이 일군 경이로운 시대로 들어섰다. 인간의 문명을 일구는 활동은 지구라는 행성을 기반으로 하는 것인데, 이것이 지구 생태계에 지속적으로 영향을 끼쳤다. 그 결과 기후 변화와 더불어 인간 능력으로는 통제가 불가능한 새로운 혼돈의 시대를 맞고 있다.

인간 존재는 우연적 작용의 결과물이다. 그게 과학적 사실이라면 우연적 작용의 결과물로서 삶은 의미의 근거를 잃는다. 그러나 인간은 희망과 환상을 통해 의미를 빚는다. 인간은 의미를 향하여 서는 존재이고, 자기 인식의 능력을 바탕으로 의미를 짓는 활동을 한다. 그리스와 로마 신화와 타락과 원죄라는 기독교

: 이야기 :

의 신화, 그리고 나라마다 있는 건국 신화들은 인간이 상상력과 환상을 통해 이야기들을 지어내는 존재임을 증거한다. "나는 존재한다"라는 명제는 "나는 이야기를 한다"라는 잠재적 의미를 품는다. 우리는 늘 누군가에게 이야기를 하고, 또 누군가가 하는 이야기를 듣는다. 우리는 이야기 속에서 자신을 타인에게로 운반한다. 그게 인간이 사는 방식이다. 발화하는 주체는 자기 앞의 타자에게 이렇게 말한다. "내 이야기를 들어봐!" 이렇게 이야기를 할 준비가 되어 있는 인간은 아무 뜻 없이 고립되고 유폐된 사물이 아니다. 그는 이미 주체의 자발성으로 타자 앞에 선 발랄한 현존이다. 이 자발성은 "욕망하고 행동하는 자발성"이다.[x] 이야기를 발화하는 사람은 자신이 타자를 향해 나아가는 주체이자 무관심을 넘어서 있는 하나의 초월성이라는 것을 되새긴다.

이야기는 무상(無償)의 충만성을 갖는다. 그게 이야기의 본질 요소다. 주체가 타자에게 이야기를 개시(開示)하는 것은 그 무상의 충만성을 주겠다는 뜻이다. 이야기는 충만성으로 실존적 존재가 품은 내면의 결핍과 공허를 메꾼다. 장 폴 사르트르가 "부정성(否定性)"이라고 부른 것, 이야기는 실존이 불가피하게 품은 구멍들을 메우고 그것을 지양한다. 우리는 타자의 이야기를 통해 새로운 충만성을 얻는다. 또한 이야기는 이 세대에서 저 세대에로 이어진다. 이야기는 세대 간의 단절을 잇고, 저마다 무수한 원자

[x] 시몬 드 보부아르, 『모든 사람은 혼자다』, 박정자 옮김, 꾸리에, 2016, 25쪽.

로 흩어져 있는 인류를 통합하는 연대성의 계기를 만든다. 인류가 이야기 속에서 하나로 통합되는 것이다.

기억, 서사, 소문, 민담, 설화 들은 다 이야기들의 다양한 현전이다. 이야기는 드라마, 소설, 영화라는 서사적 양식을 낳는다. 우리가 드라마, 소설, 자서전, 영화 따위에 열광하는 것은 이야기들이 비밀과 수수께끼의 누설이기 때문이다. 불가사의한 것들이 품은 비밀과 수수께끼를 향한 호기심은 정서적 충만감과 더불어 기쁨과 즐거움에 대한 우리의 본능적 기질에 대한 응답이다. 그것은 시, 동화, 음악, 춤, 바둑, 골프, 축구, 마라톤 따위와 마찬가지로 호모 사피엔스의 생물학적인 생존에는 별 쓸모가 없지만 인류 문명 건설의 숨은 공로자다. 한마디로 인간은 이야기를 지어내는 창조자이자 그것을 탐하며 살아가는 소비자인 셈이다.

이야기는 발화되는 순간부터 발화자를 떠나 독자적인 생명을 갖는다. 어떤 이야기는 관계에 균열을 만들고, 사회에 불화를 일으키며, 더러는 혁명의 단초가 된다. 이렇듯 이야기는 그것이 발화하는 순간부터 타자와 세계를 움직이는 힘이고, 변화와 혁신을 이끄는 동력이다. 이야기가 없다면 그 사회는 정체되고 말 것이다. 역동적인 사회일수록 더 많은 이야기들을 풍성하게 만들고 퍼뜨리며, 그에 따라 활기를 띤다.

: 이야기 :

당신이 하는 이야기들은 당신이 어떤 사람인가를 밝혀준다. 인간은 저마다 '나'(자아)라는 환상을 품고 살아왔다. 그것은 영속적이다. 우리 삶을 만들고 꾸리는 것은 그 자아다. 그러나 이것은 하나의 가설이고, 오래전에 생긴 허구의 산물이다. "우리는 언어를 이용해 허구의 자아를 만들어 거기에 과거와 미래, 그리고 심지어 사후까지 투사한다. 하지만 우리가 죽음 이후에도 지속된다고 생각하는 자아는 실은 살아 있는 동안에도 유령이나 마찬가지다. (중략) 자아 관념은 최면이나 혼수상태, 혹은 꿈을 꿀 때 분해되거나 변형되며, 열이 나거나 광기에 사로잡혔을 때 약해지거나 파괴된다. 또 우리가 행동에 집중할 때는 중지된다. 명상이나 환각 상태일 때는 자아를 잊을 수도 있다. (중략) 자아 관념은 태고부터 존재하는 인간의 오류며, 그 자아의 힘으로 우리는 꿈속에서처럼 삶을 살아간다."ˣ 자아는 우리 마음이 지어낸 꿈이고 환상이다. 그리고 이것이 이야기들의 시작점이다. 우리는 내내 허구인 자아가 꾸는 꿈속에서 산다. 이 세계 안에서는 꿈이 현실이고, 현실이 곧 꿈이다.

2500년 전 장자라는 철학자가 풀어낸 '호접몽' 이야기는 우리가 꿈속에서 산다는 사실을 말한다. "내가 지난 밤 꿈에 나비가 되었다. 날개를 펄럭이며 꽃 사이를 즐겁게 날아다녔는데 정말 기분이 좋아서 내가 나인지도 몰랐다. 그러다 꿈에서 깨어났는

× 존 그레이, 『하찮은 인간, 호모 라피엔스』, 김승진 옮김, 이후, 2010, 108~109쪽.

데, 나는 나비가 아니고 내가 아닌가? 그래서 생각하기를 아까 꿈에서 나비가 되었을 때는 내가 나인지도 몰랐는데 꿈에서 깨어보니 분명 나였다. 그렇다면 지금의 나는 진정한 나인가? 아니면 나비가 꿈에서 내가 된 것인가? 내가 나비가 되는 꿈을 꾸고 있는 것인가?" 이것이 『장자』의 「제물편」에 나오는 나비의 꿈 이야기다. 장자는 인생이 자아가 꾸는 긴 꿈이라는 이야기를 한다. 우리는 이것이 꿈이라는 걸 모를 뿐더러 꿈꾸고 있다는 사실 자체도 모른다. 이 꿈에서 깨고 나야 비로소 꿈을 꾸었음을 알 따름이다. 삶은 경이로운 꿈들로 가득 차 있고, 우리는 이것을 이야기의 형태로 풀어낸다.

이야기들은 우리가 어떤 경험을 겪었는가를 밝히고, 우리가 누구인가를 타자에게 알린다. 이야기는 발화되면서 크고 작은 파동(波動)을 낳는다. 이야기는 대화와 소통을 위한 "말하는 행위"의 일부인데, 이것의 매개로 타자와 소통을 나눈다. 우리는 이야기를 함으로써 이야기의 세계 속으로 진입한다. 이것이 사회 구성원으로 받아들여지기 위해 거치는 사회 입문의식이다. 우리의 사회적 실존은 이야기로 만들어진다. 이야기를 할 때 우리는 이야기로 만들어진 현실의 일부로 귀속한다. 우리들 하나하나는 작은 이야기의 덩어리고, 그것들이 모여 거대한 이야기의 몸통을 이룬다. "하나의 장소가 곧 하나의 이야기이며, 이야기는 지형을 이루고, 감정이입은 그 안에서 상상하는 행위이다. 감정이입은 이야기꾼의 재능이며, 이곳에서 저곳으로 건너가는 방법이다."ˣ 하나의 장소는 하나의 이야기고, 한 사람은 한 사람의 이야기 덩어리 그 자체다. 실은 저마다의 삶은 이야기라는 고치 속에 감싸여 있는 셈이다. 우리는 이야기 속에서 태어나 이야기 속에서 살다가 죽는다. 몸은 남김 없이 분해되어 무(無)로 돌아가지만 이야기는 남는다. 죽은 자들은 육신은 썩어서 사라지지만 저마다의 이야기로 살아남는다. "당신의 이야기는 무엇인가? 이야기란, 말하는 행위 안에 있는 모든 것이다. 이야기는 나침반이고 건축이다. 우리는 이야기로 길을 찾고, 성전과 감옥을 지어 올린다. 이야기 없이 지내는 건 북극의 툰드라나 얼음뿐인 바다처럼 사방으로 펼쳐진 세상에서 길을 잃어버리는 것과 같다. 누군가를 사랑하는 것은 그의 입장이 되어보는 것이라고 흔히들 말한다. 이는 당신이 그의 이야기 속으로 들어가는 것 혹은 그의 이야기를 스스로에게 어떻게 말하면 좋을지 가늠해보는 것이다."ˣˣ 당신의 이야기는 당신 삶을 위한 "나침반이고 건축"이다. 우리는 이야기 속에서 길을 찾고, 나아갈 방향을 가늠한다. 그렇기 때문에 이야기가 없는 세상에 산다는 것은 세상에서 길을 잃고 헤매는 것과 마찬가지다.

모든 사랑은 이야기를 남긴다. "이것은 하나의 이야기일 뿐

× 리베카 솔닛, 『멀고도 가까운』, 김현우 옮김, 반비, 2016, 13쪽.
×× 리베카 솔닛, 앞의 책, 13쪽.

이다. / 너의 이야기, 나의 이야기."(테드 휴즈, 「방문」) 테드 휴즈와 미국에서 국가장학금을 받고 영국에 유학을 온 실비아 플라스는 케임브리지 대학의 문학 파티에서 처음 만난다. 두 사람은 만나자마자 피가 날 만큼 뜨거운 키스를 나누고 사랑에 빠져든다. 둘은 결혼하고, 두 아이를 낳는다. 둘의 사랑에는 아무 문제도 없는 듯 보였다. "그녀[실비아 플라스]는 그의 시 쓰기를 도왔고(휴즈의 첫 시집으로 문학상을 수상한 『빗속의 매』를 타자로 치고 원고를 제출했다) 요리 솜씨를 갈고 닦았다. (그녀는 한때 '진귀한 소설처럼' 들여다보았다는 『요리의 즐거움』과 휴대용 올리베티 타자기를 신혼여행에 가지고 갔다.) 그녀에게는 자신도 유명한 작가가 되겠다는 결의가 있었다. '다른 시인들만 입에 담고 사는 건 슬픈 일이다. "다른 사람이 나를 입에 담기를 원한다." 그녀의 일기 한 대목이다. 휴즈는 플라스가 절망(그녀가 "내 눈 뒤의 검은 지옥"이라고 불렀던)을 이겨낼 수 있도록 응원했으며, 단추 하나도 달지 않는다고 친구들 앞에서 불평하면서도 가사를 분담하여 그녀도 자기처럼 오롯이 집필에 사용할 시간을 갖도록 해주었다."ˣ 천재적 시인들의 사랑은 어떻게 되었는가? 잘 알려져 있다시피, 휴즈는 유명 시인으로 명성을 얻고 여자들에 둘러싸여 더러는 바람을 피우고, 실비아 플라스는 런던의 혹독한 겨울 속에 홀로 남은 채 두 아이를 돌봐야만 했다. 실비아 플라스는 그 고립과 절망에 진절머리를 치다가 어느 날 가스 오븐에 머리를 처박고 자살한다. 둘은 정말 잘 어울

ˣ 대프니 머킨, 『우상들과의 점심』, 김재성 옮김, 뮤진트리, 2016, 409~410쪽.

: 이야기 :

리는 한 쌍이었지만 그 결혼은 끔찍한 파국을 맞았다.

사랑은 이야기를 낳는다. 누군가를 사랑한다는 것은 그 누군가의 이야기 속으로 들어가는 일이고, 새로운 이야기를 지어내는 일이기 때문이다. 반대로 누군가를 나의 이야기 속으로 들어오도록 틈을 열고 공간을 내주는 행위이기도 하다. 사랑은 저마다 무수히 많은 이야기를 품는다. 사랑의 순간은 새로운 이야기가 잉태되는 순간이다. 사랑뿐만이 아니다. 존재하는 모든 것들은 다 이야기를 품는다. 세상 자체가 거대한 이야기의 그물망이다. 동화, 전설, 민담, 신화, 소설, 드라마, 영화 따위는 다 크고 작은 이야기들을 품는다. 이야기가 없다면 이런 서사와 장르들은 있을 수 없다. 이야기는 불가피하게 시간의 경과 속에서 불거진다. 사랑의 이야기는 사건, 변신, 우여곡절, 위기, 고통, 평화, 행복, 파국들을 중요한 성분으로 한다. 사랑의 이야기가 평범한 경우란 없는데, 그것은 어느 사랑도 평범하지 않은 탓이다. 모든 사랑은 당사자에게는 다 놀라운 실존 사건이다.

다시 처음으로 돌아가서, 우리는 왜 누군가를 사랑하는가? 사랑은 누구의 발길도 닿지 않는 미지의 장소로 떠나는 여행이고, 불가사의한 세계를 향한 모험이다. 모든 사랑은 위험하다. 사랑은 그 속성상 반쯤 미친 상태에서 치르기 때문이다. 그리하여 "사랑은 세계의 법칙들에 의해서는 계산되거나 예측할 수 없는 하나의 사건"이다.ˣ 이것이 사랑의 불가사의함이다. 사랑은 욕망과는 다르다. 사랑은 "정성과 재연(再演)을 요구"한다. 그러니까 사랑하는 사람은 "나는 너를 사랑해!"라는 말을 반복해야 한다. 사랑은 그것을 선언하는 말과 지속하겠다는 약속을 삼켜야만 살아 있을 수 있는 생물이다. 그런 말과 약속이 끊기는 순간 사랑은 덧없이 죽는다. 평범해 보이지만 이것이야말로 사랑이 품은 가장 큰 어려움이다. 많은 사랑들이 이것에 실패하기 때문에 끝난다. 당신이 누군가와 사랑에 빠졌다면 사랑을 사랑하듯 그 누군가를 사랑하라! 사랑은 그런 노고를 바칠 만큼 가치가 있다. 사랑은 진리 그 자체이고, 인류 최고의 발명품이다. 사랑은 계속 재발명되고 지켜내야 하는 인류의 위대한 자산이다. 자, 이제 당신의 사랑 이야기를 내게 하라. 나는 당신의 사랑 이야기를 듣겠다.

ˣ 알랭 바디우, 『사랑 예찬』, 조재룡 옮김, 도서출판 길, 2010.

: 이야기 :

생이 더 이상 황금빛 가능성으로 반짝거리지 않지만 그렇다
고 나는 뱀에 물리지도 않았다. 나는 불행하지 않다. 뱀에게 물린
상처도 없고, 그 상처가 썩어 들어가는 일도 없다. 나는 다만 기
다린다. 그 기다림은 애통한 낮과 밤을 지새우는 그런 종류의 기
다림도 아니다. 내 안의 농축된 경험과 그 경험이 빚어내는 사유
들이 어떤 형태와 윤곽을 만들기까지 기다리며 지켜볼 따름이
다. 사실 우리 인생은 많은 기다림이 빚어낸 결과물에 지나지 않
는다.

나는 증평의 21세기 문학관에 입주 작가로 들어와 있다. 지난
해 12월 14일에 들어왔고, 1월 말에 여기서 떠날 예정이다. 대략
오십여 일 머무는 셈이다. 21세기 문학관은 3층 건물이다. 1층에
는 대강당과 작은 도서관, 간단하게 요리를 하거나 차를 마실 수
있는 방이 있다. 2층과 3층에는 입주 작가가 머무는 방들 11개가
복도를 사이에 두고 늘어서 있다. 방마다 침대, 책상, 테이블, 의

자가 있고, 욕실 겸 화장실이 딸려 있다. 이 문학관 건물은 증평의 외곽 지방 도로변에 서 있다. 창을 열면 지방 도로를 지나가는 차량들이 내는 소음이 밀려든다. 나는 차량 소음 차단을 위해 거의 창문을 닫아두고, 가끔 방 안 공기를 환기하려고 창을 여는데, 그럴 때마다 낮밤을 가리지 않고 지방 도로를 통과하는 차량들이 내는 소음이 시끄럽다.

증평의 산과 들에는 어제 그제 내린 눈들이 쌓여 있다. 증평의 햇빛은 빛나고 바람 끝은 차갑다. 증평은 아무 특별할 것이 없는 소도시다. 군립 증평도서관, 군청 같은 관공서들, 각종 학교들, 재래시장, 지역 농협과 하나로 마트, 잡화점과 편의점들, 그리고 떡집과 음식점들이 있다. 이 증평의 바람이 들고 나는 평평한 들과 멀리 있는 산세 그리 험하지 않은 나지막한 산들이 마음에 든다. 여기에는 어딘지 모를 안온함과 고적함이 깃들어 있다. 겨울의 빛은 아무래도 희박하다. 증평의 들과 산은 며칠 전 내린 눈에 덮여 있어 희박한 빛 속에서 회색빛으로 은은하게 빛난다. 나는 이 회색빛 겨울 풍경 앞을 스쳐가는 우연적 존재일 뿐이다.

나는 이곳에서 신문도 읽지 않고, 티브이 시청도 하지 않는다. 날짜가 지나가는 것을 의식하지 않고, 바깥 소식도 그리 궁금하지 않다. 그것들은 내가 피하고 싶은 소음에 지나지 않는다.

: 책 끝에/증평에서 쓰는 편지 :

나는 증평이란 섬에 고립되어 있지만 이 온전한 고립과 고독감이 좋다. 이 고즈넉한 곳에서 아무 걱정도 없이 한가로이『도사리와 말모이, 우리말의 모든 것』(장승욱),『불멸의 작가들』(프란시스 아말피),『쓰고 읽다』(고종석),『사랑 예찬』(알랭 바디우),『카잔차키스의 편지』(엘레니 카잔차키 편),『지금, 호메로스를 읽어야 하는 이유』(애덤 니컬슨),『슬픈 불멸주의자』(셸던 솔로몬, 제프 그린버그, 톰 피진스키),『우리 본성의 선한 천사』(스티븐 핑커) 따위의 책을 천천히 읽는 사람은 행복하다. 그러다가 끼니때가 되어 눈 쌓인 넓은 여러 종의 수목과 잔디로 덮힌 정원을 가로질러 구내식당에 가서 따뜻한 밥을 먹는 사람은 더욱 그럴 것이다. 이 뜻밖의 행운을 쥔 당사자가 나라는 사실이 놀랍고 고맙고 기쁘다. 나는 잠자는 시간을 빼고는 노트북의 키보드를 두드리며 글을 쓴다. 하루에 열 시간이나 열두 시간쯤 책상 앞에 엎드려 일하는데, 이는 고통 없는 노동이다.

나는 책을 쓴다. 스물네 해 전부터 책을 쓰는 사람으로 살았다. 책을 써서 번 돈으로 쌀과 부식을 사고, 각종 공과금을 세금을 낸다는 뜻이다. 하지만 오직 밥을 벌기 위해 책을 쓰는 것은 아니다. 책을 쓰는 일은 기쁨과 보람을 품게 한다. 책을 쓰는 동안 강렬한 기쁨과 함께 살아 있음의 밀도가 내게로 밀려드는 걸 느낀다. 그 매혹이 책을 쓰는 고통 속으로 유혹한다. 책을 쓰는 일은 즐거운 고통으로 머리를 들이미는 일이다. 책을 쓰는 일이야말로 내가 오랫동안 갈망해온 일이다. 증평에서 이 책의 마지막 문장을 쓴다. 지난해 1월에 시작한 이 책을 끝낸다. 이제 미뤄두었던 일을 하자. 책의 마지막 문장을 끝내고 마침표를 찍는 일이다. 내가 증평에서 한 일이라곤 문장들을 펴고 세우며 다듬는 일이다. 고백하자면 책을 쓰는 일은 기다림이 태반이다. 나는 책을 쓰는 것이 아니라 기다림과 영원이 책을 빚는 과정을 지켜본 것이다.

나는 사랑에 대해 쓴다. 사랑의 주변부에 바글거리는 것들, 사랑 그 자체, 사랑을 통한 인간 본질 엿보기, 사랑에 대한 기다림을. 나는 인간에 대해 호기심이 많고 그 이모저모가 궁금하다. 인간은 왜 그냥 살지 않고, 종교, 예술, 과학, 기술 같은 것들을 빚는 데 그토록 많은 노고를 쏟았을까? 왜 인간은 사랑을 하는가? 사랑은 달콤한 것이지만 종종 피로 물든다. 사랑은 기다림과 영원, 그리고 정사(情事)와 피로 빚어진다. 체호프의 『개를 데리고 다니는 여인』의 한 대목이다. "그는 그들의 사랑이 결코 고갈되지 않을 것이며, 결코 끝나지 않으리라는 것을 명백히 확인했다. 안나는 점점 더 그에게 집착했고, 그를 숭배했다. 이 모든 것이 끝나야 한다고 그녀에게 말하는 건 생각조차 할 수 없는 일이었다. 말해봤자 그녀는 그 말을 믿지 않을 것이다. 새로운 삶, 그들이 그토록 열렬히 갈망하는 둘의 삶은 멀어도 아주 멀어 보였고, 더없이 골치 아프고 어려운 시련은 이제 막 시작되었을 뿐이다."
사랑에는 집착과 숭배의 측면, 새로운 관계에의 갈망이 포함되어 있다. 모든 사랑은 시작과 동시에 끝을 향한다. 끝나지 않는 영원한 사랑이란 없다. 인간이 유한한 존재이기 때문이다. 많은 사랑은 "더없이 골치 아프고 어려운 시련"으로 들어서는 일이다. 그럼에도 사람들은 기꺼이 새로운 사랑에 빠진다. 그것은 사람들이 어느 시대에나 항상 새로운 삶에 대한 기대와 기쁨, 경이와 행복을 구하는 존재이기 때문이다. 체호프의 엇갈리는 사랑 이야기를 펼치는 희비극「바냐 아저씨」마지막 장면을 보자. "우리는 안식하게 될 겁니다! 천사들의 소리를 듣고, 경이롭게 빛나는 하늘을 보게 될 거예요. 지상의 온갖 악이, 우리의 모든 고통이 우주를 가득 채울 긍휼 속으로 쓸려가, 우리의 삶이 평온해지고 마치 어루만지는 것처럼 감미롭고 따스해지는 모습을 보게 될 거예요. 저는 믿어요. 믿습니다. 가련한 바냐 아저씨, 울고 계시는군요. 세상을 사는 동안 기쁨을 모르셨지요. 하지만 기다리세요. 바냐 아저씨, 기다리세요. 우리는 안식하게 될 겁니다. 안식할 겁니다. 안식할 거예요!" 이것은 소냐라는 작중인물의 외침이다. 이 외침이 꼭 사랑에 대한 정의로 들린다. "천사들의 소리를 듣고, 경이롭게 빛나는 하늘"을 보는 자는 항상 사랑의 달콤함에 빠진다. 오직 그들만이 "지상의 온갖 악이, 우리의 모든 고통이 우주를 가득 채

울 궁휼 속으로 쏠려가" 삶이 감미롭고 따스해지는 걸 경험할 것이다. 사랑을 모르는 사람은 길고 긴 낮과 오랜 밤의 기쁨을 모른 채 산 자들이다. 그 가엾은 이에게 이런 위로의 말을 건넬 수 있으리라. 당신, 세상을 사는 동안 기쁨을 모르셨지요. 하지만 기다리세요. 곧 당신은 사랑 속에서 안식과 행복을 찾게 될 거예요!

이 지구에 사람이 단 두 명만 남는다 하더라도 사랑은 사라지지 않을 것이다. 사랑한다는 것은 존재하는 것이기 때문이다. 인류가 지속되는 한 사람들은 사랑을 하고, 그 사랑의 광휘에 감탄하면서 살아갈 테다. 사실을 말하자면 사랑은 미완성의 질병이다. 누구도 이 질병을 완성할 수 없다. 누구나 평생 사랑을 구하며 산다. 돌이켜보면 나 역시 그랬다. 생에서 겪는 가장 중요한 실존사건인 '죽음'과 '사랑'에 대한 호기심이 나를 책의 세계로 이끌었다. 어떤 이들은 나를 독서광이라고 부른다. 나는 탐식에 빠진 사람이 음식을 탐하듯이 그렇게 늘 책을 찾아 두리번거린다. 날마다 책을 읽고, 읽고, 또 읽는다. 책에서 촉발된 사유들로 가까스로 몇 문장을 끼적인다. 나는 사랑에 대해서 썼지만 사랑은 여전히 모호하고 알 수 없다. 다만 사랑이 "타자의 존재 자체, 이렇게 단절되고 재구성된 내 인생에서 자신의 존재로 완전히 무장하고 불쑥 솟아난 타자와 관련되는 것"(알랭 바디우)이라는 사실과 그것이 늘 경이롭고 눈부시다는 걸 겨우 조금 알 뿐이다. 이

: 책 끝에/증평에서 쓰는 편지 :

책은 사랑의 지침서도, 사랑의 의미를 탐구하는 책도 아니다. 사랑에 대한 지침과 의미에 대해 더 알고자 한다면 내 사유와 영감의 매개물이 되었던 더 유명한 책들을 찾아보기 바란다.

2017년 초봄에

장석주

혼자 ————

- 시몬 드 보부아르, 『모든 사람은 혼자다』, 박정자 옮김, 꾸리에, 2016
- 로맹 가리, 『그로칼랭』, 이주희 옮김, 문학동네, 2010
- 사라 메이틀랜드, 『혼자 있는 법』, 김정희 옮김, 프런티어, 2016
- 헨리 데이비드 소로, 『월든』, 강주헌 옮김, 현대문학, 2011
- 강성률, 『2500년간의 고독과 자유』, 형설, 2005

누군가를 사랑한다는 것 ————

- 에마뉘엘 레비나스, 『존재에서 존재자로』, 서동욱 옮김, 민음사, 2003
- F. 스콧 피츠제럴드, 『밤은 부드러워』, 공진호 옮김, 시공사, 2014
- 장 뤽 낭시, 『코르푸스 – 몸, 가장 멀리서 오는 지금 여기』, 김예령 옮김, 문학과지성사, 2012
- 모리스 블랑쇼, 『기다림 망각』, 박준상 옮김, 그린비, 2009
- 에바 일루즈, 『사랑은 왜 아픈가』, 김희상 옮김, 돌베개, 2013

로맨스 ————

- 레오 보만스 엮음, 『사랑에 대한 모든 것』, 민영진 옮김, 흐름출판, 2014
- 마르틴 부버, 『나와 너』, 표재명 옮김, 문예출판사, 2001
- 에바 일루즈, 『사랑은 왜 불안한가』, 김희상 옮김, 돌베개, 2014

- 필립 로스,『죽어가는 짐승』, 정영목 옮김, 문학동네, 2015
- 요한 볼프강 폰 괴테,『젊은 베르테르의 슬픔』, 안장혁 옮김, 문학동네, 2010
- 한병철,『에로스의 종말』, 김태환 옮김, 문학과지성사, 2015
- 롤랑 바르트,『사랑의 단상』, 김희영 옮김, 동문선, 2004
- 에바 일루즈,『낭만적 유토피아 소비하기』, 박형신·권오헌 옮김, 이학사, 2014
- 수잔 스튜어트,『갈망에 대하여』, 박경선 옮김, 산처럼, 2015

속화 ————
- 뤽 페리,『사랑에 관하여』, 이세진 옮김, 은행나무, 2015
- 요한 볼프강 괴테,『젊은 베르테르의 슬픔』, 안장혁 옮김, 문학동네, 2010
- 알랭 바디우,『사랑 예찬』, 조재룡 옮김, 길, 2010
- 울리히 벡·엘리자베트 벡 게른스하임,『사랑은 지독한, 그러나 너무나 정상적 인 혼란』, 강수영·권기돈·배은경 옮김, 새물결, 1999
- 로버트 롤런드 스미스,『이토록 철학적인 순간』, 남경태 옮김, 웅진지식하우스, 2014
- 블라디미르 나보크프,『롤리타』, 김진준 옮김, 문학동네, 2013

타자 ————
- 주창윤,『사랑이란 무엇인가』, 마음의숲, 2015

- 알렝 핑켈크로트, 『사랑의 지혜』, 권유현 옮김, 동문선, 1998
- 니클라스 루만, 『열정으로서의 사랑』, 정성훈·권기돈·조형준 옮김, 새물결, 2009

시간 ————

- 크리스티안 생제르, 『우리 모두는 시간의 여행자이다』, 홍은주 옮김, 다른세상, 2012
- 로버트 그루딘, 『당신의 시간을 위한 철학』, 오숙은 옮김, 경당, 2015
- 뤼디거 자프란스키, 『지루하고도 유쾌한 철학』, 김희상 옮김, 은행나무, 2016
- 아니 에르노, 『단순한 열정』, 최정수 옮김, 문학동네, 2012
- 마르그리트 뒤라스, 『이게 다예요』, 고종석 옮김, 문학동네, 1996
- 플라톤, 『향연 : 사랑에 관하여』, 박희영 옮김, 문학과지성사, 2003

광기 ————

- 조르조 아감벤, 『행간』, 윤병언 옮김, 자음과모음, 2015
- 앙드레 기고, 『사랑의 철학』, 김병욱 옮김, 개마고원, 2008

과도함 ————

- 알랭 드 보통, 『사랑의 기초: 한 남자』, 우달임 옮김, 문학동네, 2012

: 참고문헌 :

얼굴 ————

- 정화열, 『몸의 정치』, 박현모 옮김, 민음사, 1999
- 질 들뢰즈·펠릭스 가타리, 『천 개의 고원』, 김재인 옮김, 새물결, 2001
- 이성복, 『프루스트와 지드에서의 사랑이라는 환상』, 문학과지성사, 2004
- 윤대선, 『레비나스의 타자 철학』, 문예출판사, 2009

키스 ————

- 이케가미 히데히로, 『관능 미술사』, 송태욱 옮김, 현암사, 2015
- 대니얼 맥닐, 『얼굴』, 안정희 옮김, 사이언스북스, 2003

애무 ————

- 알렉산드로 바리코, 『비단』, 김현철 옮김, 새물결, 2006

기다림 ————

- 와시다 기요카즈, 『기다린다는 것』, 김경원 옮김, 불광출판사, 2016
- 모리스 블랑쇼, 『기다림 망각』, 박준상 옮김, 그린비, 2009
- 질 들뢰즈, 『소진된 인간』, 이정하 옮김, 문학과지성사, 2013
- 김현경, 『사람, 장소, 환대』, 문학과지성사, 2015
- 사무엘 베케트, 『고도를 기다리며』, 오증자 옮김, 민음사, 2000

갈망 ─────

- 수잔 스튜어트, 『갈망에 대하여』, 박경선 옮김, 산처럼, 2016
- 아벨라르·엘로이즈, 『아벨라르와 엘로이즈』, 정봉구 옮김, 을유문화사, 2015

결혼 ─────

- 대이나 애덤 샤피로, 『어느 날 우리는 돌아눕기 시작했다』, 이영래 옮김, 중앙m&b, 2013
- 칼릴 지브란, 『예언자』, 강은교 옮김, 문예출판사, 2000

덧없음 ─────

- 모린 코리건, 『그래서 우리는 계속 읽는다』, 진영인 옮김, 책세상, 2016
- 스콧 피츠제럴드, 『위대한 개츠비』, 김영하 옮김, 문학동네, 2009
- 강유정, 『사랑에 빠진 영화 영화에 빠진 사랑』, 민음사, 2011

이야기 ─────

- 리베카 솔닛, 『멀고도 가까운』, 김현우 옮김, 반비, 2016
- 존 그레이, 『하찮은 인간, 호모 라피엔스』, 김승진 옮김, 이후, 2010
- 장자, 『장자』, 오강남 옮김, 현암사, 1991
- 대프니 머킨, 『우상들과의 점심』, 김재성 옮김, 뮤진트리, 2016

: 참고문헌 :

사랑에 대하여

초판 1쇄 발행 | 2017년 3월 17일
초판 3쇄 발행 | 2017년 12월 11일

지은이 | 장석주
발행인 | 노승권

주소 | 서울시 중구 무교로 32 효령빌딩 11층
전화 | 02-728-0271(마케팅), 02-3789-0269(편집)
팩스 | 02-774-7216

발행처 | (사)한국물가정보
등록 | 1980년 3월 29일
이메일 | booksonwed@gmail.com
홈페이지 | www.daybybook.com

● 책읽는수요일, 라이프맵, 비즈니스맵, 마레, 사흘, 생각연구소, 지식갤러리, 피플트리,
  스타일북스, 고릴라북스, B361은 KPI출판그룹의 단행본 브랜드입니다.